铁路列车运行图编制理论及系统优化新技术丛书
国家自然科学基金资助项目（61273242）

高速铁路列车停站方案与运行图协同优化理论和方法

倪少权　吕红霞　陈钉均　吕苗苗○著

西南交通大学出版社
·成都·

图书在版编目（CIP）数据

高速铁路列车停站方案与运行图协同优化理论和方法/倪少权等著. —成都：西南交通大学出版社，2017.1
ISBN 978-7-5643-5171-7

Ⅰ.①高… Ⅱ.①倪… Ⅲ.①高速铁路－铁路车站－规划②高速铁路－列车－运行 Ⅳ.①U238

中国版本图书馆 CIP 数据核字（2016）第 298576 号

高速铁路列车停站方案与运行图协同优化理论和方法

倪少权　吕红霞
陈钉均　吕苗苗　　著

责任编辑	王　旻
封面设计	何东琳设计工作室
出版发行	西南交通大学出版社 （四川省成都市二环路北一段 111 号 西南交通大学创新大厦 21 楼）
发行部电话	028-87600564　028-87600533
邮政编码	610031
网　　址	http://www.xnjdcbs.com
印　　刷	四川煤田地质制图印刷厂
成品尺寸	170 mm×230 mm
印　　张	8.5
字　　数	140 千
版　　次	2017 年 1 月第 1 版
印　　次	2017 年 1 月第 1 次
书　　号	ISBN 978-7-5643-5171-7
定　　价	38.00 元

图书如有印装质量问题　本社负责退换
版权所有　盗版必究　举报电话：028-87600562

前　言

铁路通过列车运行图把整个路网的运输生产活动联结成为一个统一的整体，列车运行图是铁路运输工作综合计划、铁路行车组织的基础，是协调铁路各部门、单位按一定程序进行生产活动的工具。列车运行图是根据国民经济发展的需要和铁路运输能力的状况而编制的。它体现着铁路工作的各种质量指标和数量指标，其编制质量的好坏，直接影响铁路运输工作的安全、效益和服务水平。列车开行方案是高速铁路旅客运输组织的核心，它能较好地反映铁路运输的经营策略和服务质量。其中，列车停站方案的设置是开行方案中的关键环节。高速铁路列车停站方案是在列车径路、类别、编组辆数、开行频率确定后，根据客流需求和列车的协调配合情况，确定各列车的停站序列。具体来讲，高速铁路停站方案需要确定以下内容：起讫点相同的列车中不停站的直达列车比例；每个车站的停站列车占通过列车的比例；每列车的停站次数及停站地点。长期以来，我国铁路既有普速条件下，列车始发终到站及运行径路相同的旅客列车较少，旅客列车停站方案在列车开行方案编制中可根据客流因素直接确定，而高速铁路同一方向开行的具有相同列车始发终到站及运行径路的高速铁路列车较多，从客流因素而言，这些运行方向相同的列车在各站总的停站次数满足客流需求就可以了。并且高速铁路列车停站方案与通过能力以及旅客换乘的精确量化都必须与列车运行图相结合，因而，高速铁路列车停站方案具有组合爆炸特性，与铁路既有线相比存在很大的差异，在很大程度上决定了高速铁路列车运行图的质量水平，需要考虑列车运行图编制中的众多影响因素。

本书通过高速铁路列车停站方案影响因素及关键问题分析，分别从基于均衡性和可达性、基于客流换乘及通过能力 3 个方面，在研究高速铁路列车停站方案优化方法的基础上，研究了高速铁路列车停站方案与列车运行图协同编制优化方法，并构建了高速铁路列车停站方案评价指标体系，研究了高速铁路列车停站方案评价方法。研究成果有助于提高我国高速铁路运营组织水平，为我国高速铁路运营组织提供科学的理论依据和技术支持。

本书由西南交通大学倪少权等著。第 1 章由倪少权、崔姗姗执笔；第 2 章由吕红霞、李登闯执笔；第 3 章由倪少权、杨鹏、王思敏执笔；第 4 章由陈钉均、王思敏执笔；第 5 章由吕苗苗、潘金山执笔；第 6 章由吕红霞、张小炳执笔；第 7 章由陈钉均、杨鹏执笔；第 8 章由吕苗苗、葛露露执笔；全书统稿工作由倪少权完成。本书在著作过程中还得到了研究生尹元钊、易敏、钟庆伦、夏昭辉等的大力支持，在此向他们表示衷心感谢！

由于著者水平所限，书中定有疏漏和妥之处，敬请广大读者批评指正！

著 者
2016 年 10 月

目 录

第1章 绪 论 ·· 1
　1.1 高速铁路概述 ··· 1
　1.2 高速铁路停站方案与运行图协同编制的必要性 ························· 6
　1.3 国内外研究现状 ··· 7
　1.4 急需解决的问题 ··· 9

第2章 高速铁路列车停站方案概述 ·· 10
　2.1 高速铁路列车停站方案定义 ·· 10
　2.2 高速铁路列车停站方案模式 ·· 11
　2.3 高速铁路列车停站方案特点 ·· 12

第3章 高速铁路列车停站方案关键问题研究 ··· 20
　3.1 高速铁路列车停站方案的影响因素 ·· 20
　3.2 高速铁路列车停站方案的均衡性和可达性分析 ·························· 21
　3.3 高速铁路列车停站方案的客流换乘分析 ··································· 24
　3.4 高速铁路列车停站对通过能力的影响分析 ································ 47

第4章 基于客流换乘的高速铁路列车停站方案优化方法 ························ 60
　4.1 基于客流换乘的高速铁路列车停站优化关键问题 ······················ 60
　4.2 基于客流换乘的高速铁路列车停站方案优化模型 ······················ 68
　4.3 模型求解算法 ··· 77

第5章 基于均衡性和可达性的高速铁路列车停站方案优化方法 ·············· 82
　5.1 基于均衡性和可达性的高速铁路列车停站优化关键问题 ············ 82
　5.2 基于均衡性和可达性的高速铁路列车停站方案优化模型 ············ 84
　5.3 模型求解算法 ··· 87

第 6 章　基于停站方案的高速铁路能力利用优化研究 …………… 90
　6.1　数学描述 ……………………………………………………… 90
　6.2　基于停站方案的高速铁路能力利用优化模型 ……………… 91
　6.3　模型求解算法 ………………………………………………… 93

第 7 章　高速铁路列车停站方案与运行图协同优化方法 ………… 98
　7.1　高速铁路列车停站方案与运行图协同优化的关键问题 …… 98
　7.2　高速铁路列车停站方案与运行图协同优化模型 …………… 105
　7.3　模型复杂性分析 ……………………………………………… 113

第 8 章　高速铁路列车停站方案评价方法研究 …………………… 114
　8.1　评价指标体系的选取原则 …………………………………… 114
　8.2　评价指标体系的建立流程 …………………………………… 115
　8.3　高速铁路列车停站方案评价需求分析 ……………………… 117
　8.4　高速铁路列车停站方案评价指标体系 ……………………… 118
　8.5　高速铁路列车停站方案评价方法 …………………………… 122

参考文献 ………………………………………………………………… 125

第 1 章 绪　论

1.1 高速铁路概述

关于高速铁路，国际上有若干不同的定义标准，其中国际铁路联盟（UIC）的定义是：高速铁路是指通过改造既有线路，使最高运营速度达到每小时 200 km 以上，或新建线路，最高运营速度达到每小时 250 km 以上的铁路系统。广义的高速铁路还包含运营速度达到上述速度标准，使用磁悬浮技术的高速轨道运输系统。

高速铁路是世界铁路的一项重大技术成就，是世界"交通革命"的一个重要标志。高速铁路是一个集各项最先进的铁路技术、先进的运营管理方式、市场营销和资金筹措于一体的十分复杂的系统工程，集中反映了一个国家在铁路线路结构、列车牵引动力、高速运行控制、高速运输组织和运营管理等方面的进步，也体现了一个国家的科技和工业水平[1]。高速铁路是社会经济发展和运输市场竞争的需要，它促进了地区经济的发展和城市一体化进程，在经济发达、人口密集地区，其经济效益和社会效益尤为突出[2]。

目前，全世界的高速铁路发展方兴未艾。世界高铁运营里程排名依次为：中国、日本、西班牙、法国、德国、意大利。除了这些正在运营高铁的国家以外，沙特阿拉伯、伊朗、摩洛哥、丹麦等国也均有高铁项目正在推进。在境外高铁规划方面，现有 30 多个境外国家提出了高铁发展规划，总里程约 3.6 万 km，遍及亚、欧、非、北美、南美、大洋洲[3]。

下面简要介绍国内外高速铁路发展概况。

1. 日　本

20 世纪 50 年代初，日本国铁在高速公路和航空运输的竞争下，客运萎靡，连年亏损。1964 年东海道新干线投入运营后，吸引了大量客流，使客运由亏损变为盈余。接着又修建了山阳、东北、上越、长野（北陆）等新干线，至 20 世纪 90 年代建成遍布全国的高速新干线网络。日本东海道新干线是一条客运专线，线路设计允许最高速度 350 km/h，列车实际运行最高速度 270 km/h。该线路在建成通车以后，在夜间停运进行线路养护的情况下，东京与新大阪之间日均客流量达 36 万人次，年运量稳定在 1.2 亿人左右。随着山阳、东北、上越新干线的陆续建成，4 条新干线共长 1 900 多 km，约占日本国铁新路总里程的 9%，占总旅客周转量的 33%，经济效益和社会效益显著。从此以后，这种新型的铁路形式在世界各地，尤其是在欧洲和日本得到飞速发展[5]。

2．法　国

法国从 20 世纪 70 年代开始修建高速铁路，目前法国运营中的高速铁路已超过 2 000 km。1994 年英吉利海峡隧道把英国和法国连接起来，建成了第一条高速铁路国际联络线。法国与德国在修建高速铁路的同时，实施对既有线进行提速改造，扩大了快速类车的开行范围。1997 年，从巴黎开出快速列车"欧洲之星"和 Thalys，穿行于法国、比利时、荷兰和德国之间，铁路快速运输开始向国际化发展[5]。

3．德　国

德国是世界上较早研究高速铁路技术的国家，1903 年，德国用电力机车牵引，试验车速度已达到 210 km/h。但是，德国的 ICE 是目前高速铁路中起步较晚的项目。ICE 的研究开始于 1979 年，其内部制造原理和制式与法国 TGV 有很大相似之处，目前的最高时速是 1988 年创下的 409 km。德国高速铁路的发展是把既有线改造、新建高速线、发展摆式列车三者紧密结合起来的。目前已建成的高速铁路有 7 条：汉诺威—维尔茨堡，曼海姆—斯图加特，卡尔斯鲁厄—巴塞尔，汉诺威—柏林，科隆—莱茵，纽伦堡—因戈尔施塔特—慕尼黑，埃尔福特—莱比锡/哈勒[5]。

4．意大利

意大利是欧洲最早建设高速铁路的国家之一，早在 20 世纪 60 年代就研究修建高速铁路。1970 年正式开工建设罗马—佛罗伦萨高速铁路，长度 254 km，设计速度 250 km/h。目前意大利运营中的高速铁路有 8 条。

5．西班牙

1984 年，国际展览局决定 1992 年的世界博览会在西班牙的塞维利亚举行，西班牙即计划要建设首都马德里到塞维利亚的高速铁路。1987

年正式动工,1991年底建成,1992年4月随塞维利亚世博会开幕而通车。这条高速铁路长度为471 km,采用标准轨距(西班牙既有铁路都是宽轨铁路),是按高中速列车混跑、客货车混运而设计的。主要开行AVE高速列车(速度300 km/h)和TALGO200摆式列车(速度160/200 km/h),以及少量140 km/h的货物列车。目前,西班牙营运中的高速铁路有5条,分别是:马德里—巴塞罗那,马德里—塞维利亚,马德里—巴利亚多利德,马德里—瓦伦西亚,佩皮尼昂—菲格雷斯。

6. 欧洲高速铁路网

除了上述几个欧洲国家外,其他一些欧洲国家也有高速铁路。英国633 km的东海岸干线中303 km长的伦敦—约克段,IC225列车的最高速度可以达到200 km/h。可以认为是高速铁路。瑞典的一些干线铁路开行X2000摆式列车,最高速度可以达到200 km/h。此外,比利时有142 km高速铁路,丹麦有15 km高速铁路,荷兰也有少许高速铁路,与法国、英国、德国的高速铁路联成PBKA高速铁路网,开行Thalys国际高速列车。

7. 韩 国

韩国首尔—釜山高速铁路是连接天安、大田、大邱、釜山等城市的一条主要干线,全长412 km,线路最高运行速度300 km/h,高峰时最小运行间隔为3 min。2003年12月,首尔—大邱线路完工开通,采用TGV-K高速列车,最高速度300 km/h[5]。此外,韩国还规划修建两条高速铁路:一条是由大田经光州到木浦的湖南高速铁路;另一条是首尔到江陵的东西高速铁路。

8. 中国高速铁路发展概况

我国自2008年8月1日开通第一条高速铁路——京津城际铁路以来,高速铁路得到了迅猛发展。截止2015年底,我国高铁运营里程超过1.9万 km,位居世界第一,占世界高铁总里程的60%以上。

2016年7月国家批准修编的《中长期铁路网规划》,规划方案包括高速铁路网、普通铁路网和综合交通枢纽3个组成部分。到2020年,铁路网规模将达到15万 km,其中高速铁路3万 km,覆盖80%以上的大城市;到2025年,铁路网规模将达到17.5万 km左右,其中高铁3.8万 km左右;2030年基本实现内外互联互通、区际多路畅通、省会高铁连通、地市快速通达、县域基本覆盖。关于高速铁路，在原规划"四纵四横"主骨架基础上，增加客流支撑、标准适宜、发展需要的高速铁路，同时充分利用既有铁路，形成以"八纵八横"主通道为骨架、区域连接线衔接、城际铁路补充的高速铁路网。"八纵"通道包括：沿海通道、京沪通道、京港（台）通道、京哈—京港澳通道、呼南通道、京昆通道、包（银）海通道、兰（西）广通道；"八横"通道包括：绥满通道、京兰通道、青银通道、陆桥通道、沿江通道、沪昆通道、厦渝通道、广昆通道。

我国台湾地区南北高速铁路规划设计开始于 1998 年，于 2000 年 3 月动工修建，2007 年 1 月正式运营。线路自台北至高雄左营，全长 345 km，轨距为 1 435 m，最小曲线半径为 6 370 m，限制坡度为 25‰，速度目标值为 350 km/h，建成后运营速度为 250～300 km/h。建成后每天开行 150 对客车，最小发车间隔为 3 min，台北到高雄的旅行时间为 1.5 h。

表 1-1　世界主要国家和地区高速铁路运营线路

地区和国家	线　路	建设年代	线路长度/km	最高速度/（km/h）
日本	东海道新干线	1959—1964	515	285
	山阳新干线	1967—1975	554	300
	上越新干线	1971—1982	270	240
	东北新干线	1971—1985	675	320
	北海道新干线	2005—2016	148	260
	北陆新干线	1989—1997	345	260
	九州新干线（鹿儿岛线）	1989—2010	256	260
法国	TGV 东南线	1976—1994	409	300
	TGV 大西洋线	1985—1989	232	300
	TGV 北方线	1990—1994	333	300
	TGV 东南延伸线	1992—1994	148	300
	路网连接线	1994—1995	102	300
	地中海线	1995—1999	250	300

续表

地区和国家	线　路	建设年代	线路长度/km	最高速度/(km/h)
德国	汉诺威—维尔茨堡	1988—1991	327	280
德国	曼海姆—斯图加特	1988—1991	99	280
德国	卡尔斯鲁厄—巴塞尔		182	250
德国	汉诺威—柏林	1992—1998	264	280
德国	科隆—莱茵	1995—2002	219	330
德国	纽伦堡—因戈尔施塔特—慕尼黑	1997—2003	171	300
德国	埃尔福特—莱比锡/哈勒	1998—2003	123	200
德国	汉堡—柏林		300	330
西班牙	马德里—巴塞罗那		621	300
西班牙	马德里—塞维利亚	1989—1992	472	300
西班牙	马德里—巴利亚多利德	1997—2007		350
西班牙	佩皮尼昂—菲格雷斯		44	300
西班牙	马德里—瓦伦西亚		391	300
意大利	佛罗伦萨—罗马	1970—1992	254	250
意大利	罗马—那不勒斯	1992—2001	205	300
意大利	米兰—都灵		125	300
意大利	帕多瓦—威尼斯		25	250
意大利	米兰—特雷维格里奥		27	250
意大利	那不勒斯—萨莱诺		29	250
意大利	米兰—博洛尼亚		215	300
意大利	博洛尼亚—佛罗伦萨	1996—2005	79	300
韩国	首尔—釜山	1992—2004	420	300
中国台湾	台北—高雄	1998—2007	345	300

1.2 高速铁路停站方案与运行图协同编制的必要性

1.2.1 高速铁路列车开行方案

高速铁路列车开行方案是以客运量为基础，以客流性质、特点和规律为依据，科学合理地安排包括列车开行种类、起讫站、数量、经由线路、编组内容、停站方案等内容，从客流到列车流的整体组织方案[6]。

高速铁路列车开行方案是旅客列车运营组织工作中的重要组成部分，是高速铁路列车运行图和动车组运用计划编制的基础，是旅客运输组织的核心问题之一。其对于提高旅客运输质量，增加铁路旅客运输的经营效益，增强铁路与其他运输方式之间的竞争实力，具有重要作用。

1.2.2 高速铁路列车运行图

高速铁路列车运行图是用以表示列车在高速铁路区间运行及在车站到发或通过时刻的技术文件，它规定各车次列车占用高速铁路区间的程序、列车在每个车站的到达和出发（或通过）时刻、列车在高速铁路区间的运行时间、列车在车站的停站时间等。高速铁路列车运行图是高速铁路运输工作综合计划和行车组织工作的基础。

1.2.3 停站方案与运行图协同编制的必要性

列车开行方案是高速铁路旅客运输组织的核心，它能较好地反映铁路运输的经营策略和服务质量[7]。其中，列车停站方案的设置是开行方案中的关键环节。高速铁路旅客列车停站方案是在列车径路、类别、编组辆数、开行频率确定后，根据客流需求和列车的协调配合情况，确定各列车的停站序列。具体来讲，高速铁路停站方案需要确定以下内容：起讫点相同的列车中不停站的直达列车比例；每个车站的停站列车占通过列车的比例；每列车的停站次数及停站地点。长期以来，我国铁路既有线条件下，列车始发终到站及运行径路相同的旅客列车较少，旅客列车停站方案在列车开行方案编制中可根据客流因素直接确定。由于高速铁路同一方向开行的具有相同列车始发终到站及运行径路的高速列车较多，从客流因素而言，这些运行方向相同的列车在各站总的停站次数满足客流需求就可以了，而列车停站方案的制订则是指派每列车的具体停站，因此，高速铁路停站方案具有组合爆炸特性，与铁路既有线相比存在很大的差异，而且，它在很大程度上决定了高速铁路列车运行图的质量水平，需要考虑列车运行图编制中的众多影响因素。

既有普速铁路采用的运输组织方法是：在列车开行方案编制工作中确定列车停站方案，在将列车停站方案作为已知条件的基础上编制列车运行图。从以上分析可知：高速铁路旅客列车停站方案必须在列车运行图编制过程中具体优化确定，这是我国高速铁路运输组织工作所面临的新挑战，有关技术理论和方法研究具有现实意义和紧迫性。鉴于此，我们将研究高速铁路列车停站方案与列车运行图协同编制优化理论和方法，力求寻找一种能够综合平衡旅客需求与现有铁路技术设备条件的旅客列车停站方案制订方法，为我国高速铁路运营组织提供科学的理论依据和技术支持。

1.3 国内外研究现状

1.3.1 旅客列车停站方案研究现状

目前，国内外对于列车停站方案的研究大多是结合开行方案问题进行的，主要包括以下几方面：

1. 旅客列车停站设置原则研究

旅客列车停站设置需要根据客流需求、车站能力、列车等级、径路长度及列车间的协调配合情况综合确定。高速列车停站次数和停站时间大小是影响通过能力的主要因素。高速列车在站停留时间越短，停站次数越少对通过能力的扣除也就越小，高速铁路通过能力就越大[8,9]。文献[10]讨论了合理的停站原则，提出应组织适当交错停站，以此达到既满足旅客出行需求,又提高旅行速度的目的。兰淑梅基于日本新干线运营经验指出，在我国京沪高速铁路应采用各站交错停站、直达等多种形式的停站方案[11]。文献[12]提出了"列车在重要的车站停车，相对不重要的车站交替停车"的思路。

2. 旅客列车停站方案模型及算法研究

旅客列车停站方案模型及算法主要包括多目标规划模型、有序组合数算法、目标规划法、遗传算法、模拟退火算法等。文献[13]首次独立以停站方案为研究对象,分析停站设置和客流换乘选择之间的博弈关系，构建旅客列车停站设置方案优化双层规划模型并设计基于模拟退火的求解算法。文献[14]建立了高速列车开行方案的多目标 0-1 规划数学模型，构造了多层次 0-1 规划求解方法，并结合有序组合树方法对问题进行求解。文献[6]在列车运行区段、开行数量及列车等级确定的前提下，提出了列车停站方案的自适应遗传算法。文献[15]分析了"跨站停站""区域停站""快/慢车"这 3 种非站站停的停站方案对乘客出行、系统运营组织的影响，及其适用条件；结合停站方案的优化目标，以停站与否为自变量，在客流需求已知且固定的情况下，构建不同停站方案的基本优化模型。项目组探讨了城际铁路旅客列车运行方案[16]，并引入"时距"概念，建立共线运行条件下的越行组模型，得到高速铁路通过能力与有关因素之间的函数关系，分析了越行站分布对通过能力的影响[17]。此外，还对高速列车停站模式对通过能力的影响进行了相关研究[18,19]。

3. 基于旅客列车停站方案的客流分配研究

文献[20]通过构造基于开行方案及停站方案的换乘网络，根据路段路径阻抗，利用梯度映射法进行求解该网络的客流分配模型，最终获得各 OD 对之间的多条出行路径方案。文献[21]提出了客流分配和停站优化相结合的基于停站方案优化的客流分配方法。袁博晖从城市轨道交通的小时客流不均衡和断面客流不均衡两个方面，分析了改变运营组织方式的条件，并以节省出行时间为目标，建立了采用分站停车的运营组织方式满足乘客需求的数学模型[22]。

1.3.2 高速铁路运行图研究现状

针对客运专线列车运行图和既有线运行图的区别，文献[23,24]提出了目前客运专线运行图的新特点。文献[25]对客运专线列车运行图编制的基本算法、文献[26]对流程及动态性能指标等分别进行了讨论。许红借鉴既有线列车运行图编制理论，建立了城际列车运行图铺画的分层叠加数学优化模型，并给出了不同种类列车的布点模型，给出了基于优化策略的改进遗传算法[27]。针对大多数独立的研究，文献[28,29]基于旅客列车开行方案和运行图的铁路企业运营效益和旅客出行费用，以铁路企业效益最大化为优化目标，以车站整备能力、车辆总数和列车编组辆数等能力资源限制以及列车到发作业相容性为约束，建立了旅客列车开行方案与运行图综合优化的双层规划模型，并设计了基于模拟退火的综合优化算法。倪少权等提出了基于群体协同的铁路列车运行图编制系统并发控制方法，并实现了全路列车运行图的联网编制[30-32]，取得了有意义的成果。此外，文献[33-36]对列车运行图调整做了相关的研究。

1.4 急需解决的问题

通过对国内外研究现状的分析，总结高速铁路旅客列车停站方案与运行图的研究现状和实际需求，有下述问题急需解决：

（1）目前高速铁路列车停站方案研究主要沿用铁路既有线的传统方法，需要根据高速铁路的特性研究提出合理的理论方法体系。

铁路既有线同方向开行的列车数量较少，停站方案主要以满足客流出行为主，造成列车停站次数较多，影响到线路能力。高速铁路同方向列车开行数量较多，列车停站方案对区间通过能力影响更大，同时，高速铁路旅客列车对停站的均衡性和停站率有一定的要求，停站方案呈组合爆炸特性，直接影响运行图编制的质量。因此，研究建立相关理论与方法是迫切需要的。

（2）高速铁路列车停站方案与列车运行图协同编制研究。

高速铁路旅客列车的停站方案直接影响线路通过能力、列车旅行时间、旅客出行方便程度，以及所能完成的客运量。停站方案的可行性、停站间的可达性及停站时刻分布的均衡性等是影响高速铁路停站方案质量的关键因素，这些问题只能通过在高速铁路列车运行图编制工作中协同解决。

（3）高速铁路列车停站方案根据旅客需求变化的可调整性研究。

高速铁路停站方案需以最大方便旅客出行为目标，因此，高速铁路停站方案不是固定不变的，应该根据旅客的需求变化，实时做出快速的调整，以达到满足旅客需求。故需要研究提出一种高效的高速铁路列车停站方案编制理论和方法，以满足不断变化的停站调整需要。

第 2 章　高速铁路列车停站方案概述

2.1　高速铁路列车停站方案定义

高速铁路旅客列车停站方案是在列车开行径路、列车种类、编组辆数和列车开行对数确定后，根据客流需求，结合列车协调配合情况，合理地安排各列车的停站序列[37]。具体来讲，高速铁路旅客列车停站方案需要确定以下内容：同一运行区段的列车中，一站直达列车开行比例；每个车站，有停站的列车占通过列车的比例；每列车的停站地点和总的停站次数[38]。停站方案的要素包括以下几个方面：

1. 列车在车站停留时间

针对某一列车而言，根据车站的等级，结合旅客乘降数量，确定列车在不同车站的停留时间，一般在高等级车站停留时间较长，在低等级车站停留时间较短。速度为 300 km/h 及以上的列车，在有大量旅客乘降的车站停留 2~5 min、其他车站停留 1~3 min；速度为 200 km/h、250 km/h 的列车，在有大量旅客乘降的车站停留 4~6 min、其他车站停留 2~4 min[39]。

2. 列车停靠车站次数

列车停站次数越多，越有利于中间站旅客的乘降，但会降低列车的旅行速度，增加远途旅客的旅行时间，高速铁路旅客列车的最大优势体现在列车旅行速度高，因此应限制每列车的停靠车站总数。

3. 列车停站点

列车停靠车站次数一定时，还应选择列车的停靠车站，方便车站间的客流交换。一方面应为旅客尽可能多地提供直达服务，即开行在两个站点之间均停站的列车，两个站点之间的旅客不需要换乘；另一方面为换乘的旅客乘车提供方便。

2.2 高速铁路列车停站方案模式

国外停站方案的研究中,"站站停""隔站停"和"大站停"3 种停站模式早在 1968 年就被 Eisele 提出[40]。荷兰、日本等国的列车停站方式均体现出了 Eisele 所提出的 3 种停站模式。例如,荷兰将路网划分为 InterCity(IC)、InterRegio(IR)和 AggloRegio(AR)3 个等级的系统,这 3 个系统分别服务于城市间、区域和地方的客流;相应地,车站也划分为 IC、IR 和 AR 站。经过这样的处理后,基本确定了列车的开行种类和停站方案,不同种类的列车在对应等级的车站停站,如 IC 列车只在 IC 车站停站,IR 列车在 IR 和 IC 车站停站,AR 列车则站站停[41]。日本的东海道新干线开行 3 种速度等级的列车。其中,希望号列车运行速度达到 270 km/h,主要服务于东京、名古屋、大阪、京都、神户和广岛等大城市;回声号列车速度最慢,在开行区段内站站停;光号列车的停站较为灵活,作为对希望号、回声号列车的补充,便于旅客的换乘。

我国对高速铁路列车停站模式的研究借鉴了国外的研究经验,如文献[42]根据车站所在城市的政治经济地位、人口数量、GDP、客运设施规模等因素将车站划分为 3 个节点等级,而列车等级也就相应按照所有列车 OD 所在车站进行分级。我国高速铁路旅客列车主要采用以下几种停站模式:

1. 一站直达

在起讫点间客流足够大时,列车自始发站出发,中途不停站,直接到达终点站。一方面,开行一站直达列车可以保证列车高速运行,缩短长途旅客旅行时间,有利于吸引直达客流;另一方面,开行直达列车会对停站列车产生影响,限制区段通过能力。

2. 大站停

依据车站所在城市的人口数量、GDP、政治经济地位及旅客发送需求和客运设施规模等因素划分车站等级,列车在运行区段内只在大站停车,保证高等级车站间服务需求,同时列车停站数量少,不会过多降低列车旅行速度。

3. 站站停

列车在区段内停靠所有车站，满足相邻车站间客流乘车的需要，方便短途旅客出行，但会降低列车旅行速度；另外，列车停站次数多，在站停留时间和列车起停附加时分对通过能力的影响大，同时延长了动车组占用时间，增加了铁路部门的运输成本。

4. 交错停站

区段内途径车站数量较多时，不同的列车选择合适的大站和小站交错停站，服务于大站间旅客运输需求的同时，保证大站和小站间的旅客交流。列车交错停站有利于组织平均化的停站方案，充分利用线路通过能力，为旅客提供较高的服务频率。

2.3 高速铁路列车停站方案特点

我国高速铁路经过几十年的建设，目前已开通运营秦沈客专、京津城际、京沪高铁、郑西高铁、京广高铁、哈大客专等高速铁路线路，而京沪高速铁路和京广高速铁路建设已久，运营趋于完善，以下主要对其停站方案的特点进行分析。

2.3.1 京沪高速铁路

京沪高速铁路是一条连接北京与上海两大中心城市的高速铁路，由北京南站至上海虹桥站，共设 24 个客运站，线路全长 1 318 km。京沪高速铁路在北京、天津、济南、徐州、南京和上海等枢纽衔接多条高速铁路，开行较多跨线旅客列车。下面主要对其本线列车停站方案进行研究。

对 2014 年 3 月份京沪高速铁路列车运行图进行统计，全线共开行本线列车 105 列，其中高速动车组列车 94 列，动车组列车 11 列，下行本线列车开行数量如图 2-1 所示，列车停站方案如表 2-1 所示。可以看出，京沪高铁列车开行区段较多，但多数列车都在北京南站和上海虹桥站始发终到，各个车站的列车服务频率如图 2-2 所示，在北京南、上海虹桥、南京南、济南西和徐州东站客流量大，停靠的列车次数也最多。

第 2 章　高速铁路列车停站方案概述

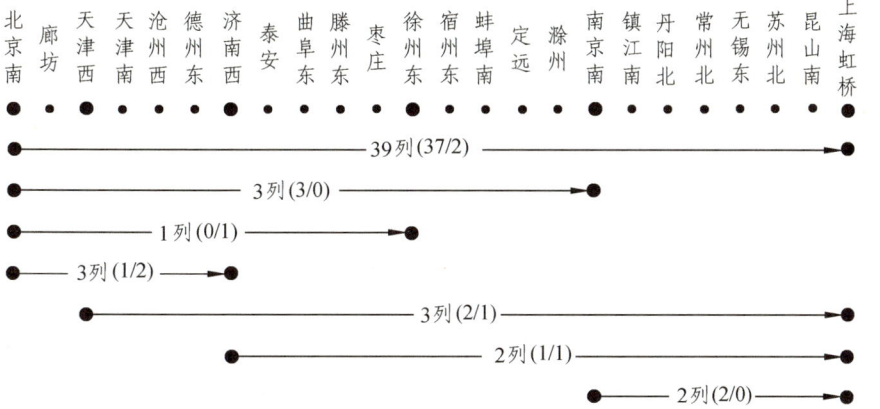

图 2-1　京沪高铁本线下行列车开行区段及开行数量统计结果

注：括号内数值分别表示高速动车组和动车组的开行列数

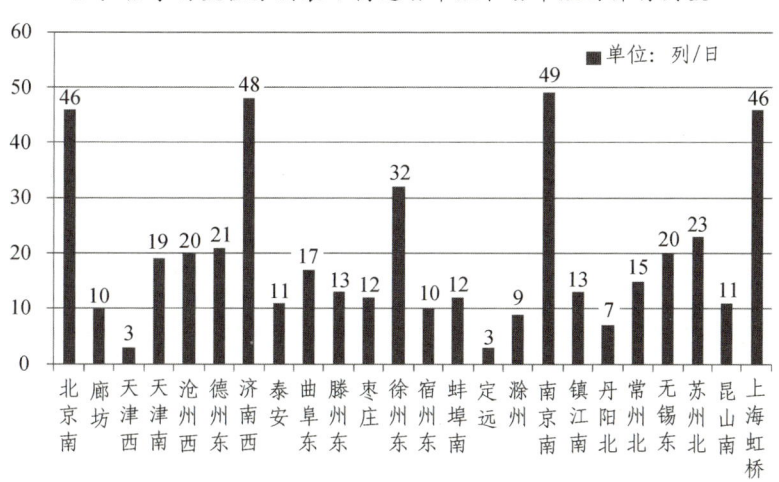

图 2-2　京沪高铁本线下行列车在各车站的服务频率

表 2-1　京沪高铁本线下行列车停站方案

	北京南	廊坊	天津西	天津南	沧州西	德州东	济南西	泰安	曲阜东	滕州东	枣庄	徐州东	宿州东	蚌埠南	定远	滁州	南京南	镇江南	丹阳北	常州北	无锡东	苏州北	昆山南	上海虹桥	小计
G101	1				1	1	1		1			1	1				1					1		1	8
G105	1	1			1	1	1						1	1			1							1	8
G11	1					1	1										1							1	4
G107	1			1	1					1	1						1						1	6

续表

	北京南	廊坊	天津西	天津南	沧州西	德州东	济南西	泰安	曲阜东	滕州东	枣庄	徐州东	宿州东	蚌埠南	定远	滁州	南京南	镇江南	丹阳北	常州北	无锡东	苏州北	昆山南	上海虹桥	小计
D315	1		1		1	1	1		1	1	1	1	1	1			1			1	1	1	1	1	16
G109	1				1	1	1			1							1	1			1		1	1	8
G111	1				1	1		1					1				1			1		1		1	7
G1	1																1							1	1
G113	1				1	1			1								1			1		1		1	6
G115	1		1		1	1			1								1				1			1	7
G117	1	1		1		1			1		1		1				1		1		1			1	9
G13	1					1											1							1	2
G119	1		1			1	1			1							1		1	1				1	9
G121	1	1			1	1						1	1				1							1	7
G15	1					1											1							1	2
G123	1		1	1		1			1							1	1			1			1	1	8
G125	1			1	1								1				1		1					1	8
G127	1		1		1	1					1	1					1			1				1	8
D319	1	1		1	1	1		1	1	1	1	1	1	1	1	1	1		1	1	1	1	1	1	19
G129	1	1											1	1			1			1			1	1	8
G131	1			1			1			1	1						1				1			1	8
G133	1			1	1												1					1	1	1	7
G135	1			1		1				1				1			1			1			1	1	8
G137	1			1		1	1		1	1					1		1			1				1	9
G139	1			1	1	1											1			1			1	1	8
G3	1																1							1	1
G141	1				1	1			1								1	1				1	1	1	7
G143	1				1	1	1			1							1			1		1	1	1	9
G17	1					1											1							1	2
G145	1		1		1		1			1				1			1		1			1		1	8
G19	1				1	1				1							1							1	4
G147	1			1		1			1				1	1	1		1							1	8
G149	1			1		1				1	1	1					1			1				1	9
G151	1	1			1	1			1		1						1	1			1			1	8

第 2 章　高速铁路列车停站方案概述

续表

	北京南	廊坊	天津西	天津南	沧州西	德州东	济南西	泰安	曲阜东	滕州东	枣庄	徐州东	宿州东	蚌埠南	定远	滁州	南京南	镇江南	丹阳北	常州北	无锡东	苏州北	昆山南	上海虹桥	小计
G21	1		1		1				1		1						1			1				1	7
G153	1	1		1		1	1			1	1						1				1		1	1	9
G155	1				1	1			1			1					1			1		1		1	7
G157	1			1		1	1			1		1					1			1				1	7
G159	1			1		1	1	1			1		1	1										1	7
G201	1		1			1	1		1		1						1								5
G203	1				1		1				1		1				1								5
G205	1																1								1
D351	1	1		1	1	1	1	1	1	1															9
G181	1		1																						2
D401	1	1		1	1	1																			4
D403	1	1		1	1	1																			4
G211		1			1		1										1			1				1	6
G213		1		1	1	1											1			1		1		1	8
G215		1				1											1			1		1		1	6
G177					1		1	1		1	1						1			1				1	8
D361				1	1	1	1	1	1	1	1	1	1	1	1	1									13
G7195																	1		1	1	1			1	4
G7197																	1	1	1	1	1			1	5
合计	46	10	3	19	20	21	48	11	17	13	12	32	10	12	3	9	49	13	7	15	20	23	11	46	

注：表中列车和车站对应的数字 1 表示列车在该站停车。

京沪高速铁路旅客列车停站方案的设置充分考虑了客流分布和旅客需求，在北京南—上海虹桥区段，对高速动车组列车的停站次数分析如图 2-3 所示，可以看出，北京南站到上海虹桥站没有直达列车，仅开行 5 列大站停列车，沿途停靠南京南或济南西站；其他列车一般交错停站 7~9 次，停站比例在 30%~40%。同时，为方便中间各站旅客交流，北京到上海间开行两列停靠 16 次以上的动车组；其他短区段开行的列车停站比例一般在 80%。

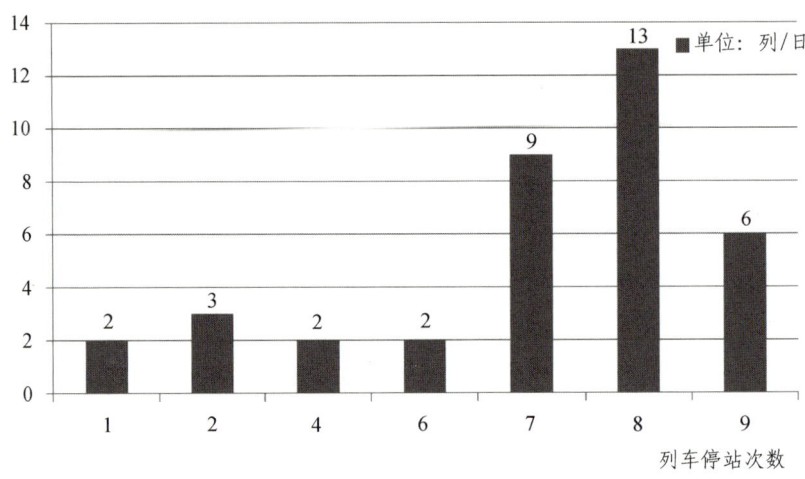

图 2-3 不同停站次数的列车开行数量

2.3.2 京广高速铁路

京广高速铁路从北京西站到广州南站，经过北京、河北、河南、湖北、湖南、广东 6 省（直辖市），沿途共设 38 个客运车站（新郑东和乐昌东为预留客运站，目前尚未开通），线路全长 2 298 km，南端连通广深港高速铁路（广州南—深圳段已开通），是目前我国也是世界上运营里程最长的一条高速铁路。

京广高速铁路，途径车站数量众多，开行方案规定的开行区段多达几十个，下行列车开行数量如图 2-4 所示。下面主要分析列车开行数量较多的武汉—广州南、长沙南—广州南、北京西—武汉 3 个开行区段。

第 2 章　高速铁路列车停站方案概述

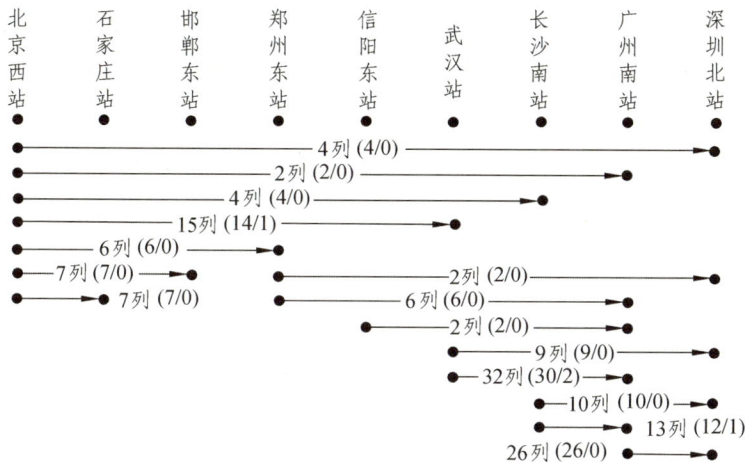

图 2-4　京广高铁本线下行列车开行区段及开行数量统计结果

武汉—广州南区段，包括 16 个客运车站，开行下行列车 32 列，各个车站服务频率如图 2-5 所示。列车具体停站方案如表 2-2 所示，可以发现，列车停站方案分布比较均衡，除长沙南站为必停车站外，高速动车组列车在其他各站交错停车，2 列动车组列车均为站站停，满足相邻车站间的旅客服务需求。对高速动车组列车的停站次数进行统计，如图 2-6 所示，列车大多停站 5~7 次，停站比例在 35%~50%。

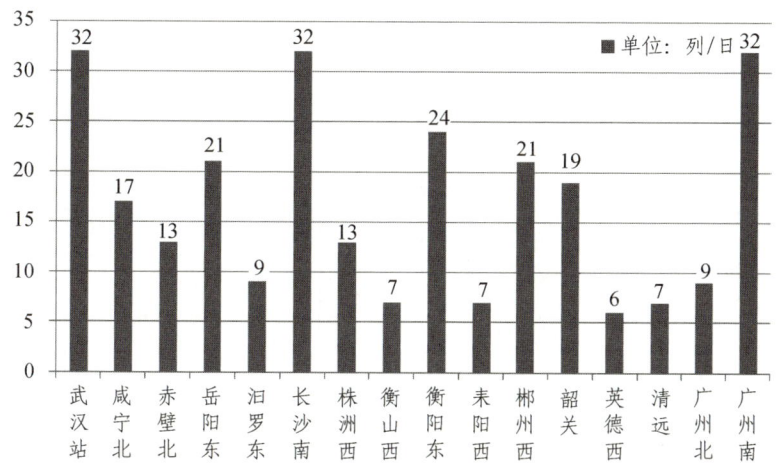

图 2-5　车站服务频率

- 17 -

表 2-2 京广高铁武汉—广州南区段下行列车停站方案

	武汉站	咸宁北	赤壁北	岳阳东	汨罗东	长沙南	株洲西	衡山西	衡阳东	耒阳西	郴州西	韶关	英德西	清远	广州北	广州南	小计
G1101	1			1		1	1		1		1	1				1	6
G1103	1		1		1	1		1	1		1	1				1	7
G1105	1	1		1		1		1	1					1		1	7
G1107	1			1		1			1		1				1	1	5
G1109	1	1				1					1					1	4
G1111	1		1	1		1			1			1		1		1	6
G1113	1				1	1			1			1	1			1	6
G1115	1	1		1		1	1		1			1			1	1	7
G1117	1	1			1	1		1			1	1				1	6
G1119	1					1	1			1	1	1	1			1	6
G1121	1		1		1	1			1		1	1				1	6
G1123	1	1		1	1	1			1		1				1	1	7
G1125	1	1		1		1	1			1		1				1	6
G1127	1		1			1		1			1	1				1	6
G1129	1			1		1		1	1		1				1	1	6
G1131	1		1	1		1	1								1	1	6
G1133	1	1			1	1			1	1						1	6
G1135	1			1		1			1		1				1	1	6
G1137	1		1		1		1		1	1		1				1	6
G1139	1		1		1			1		1	1					1	5
G1141	1			1		1	1				1					1	5
G1143	1		1						1							1	4
G1145	1	1		1		1				1		1				1	6
G1147	1	1		1	1				1	1		1			1	1	8
G1149	1		1			1		1	1		1					1	6
G1151	1				1	1		1			1	1				1	6
G1153	1	1		1				1		1	1					1	6
G1155	1			1		1			1		1				1	1	6
G1157	1						1			1		1				1	5
G1159	1	1			1	1			1		1					1	6
D2101	1	1	1	1	1	1	1	1	1	1	1	1	1	1		1	14
D2103	1	1	1	1	1	1	1	1	1	1	1	1	1	1		1	14
合计	32	17	13	21	9	32	13	7	24	7	21	19	6	7	9	32	

注：表中列车和车站对应的数字 1 表示列车在该站停车。

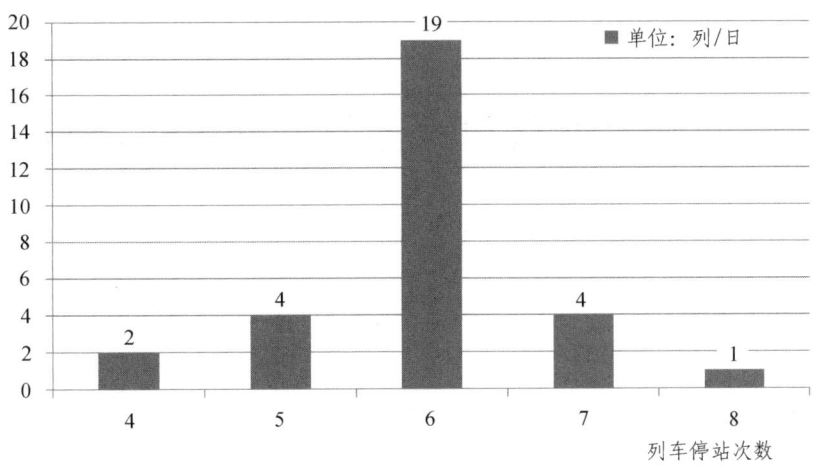

图 2-6　不同停站次数的列车开行数量

长沙南—广州南区段和北京西—武汉区段内列车停站次数统计见表 2-3 和表 2-4，在长沙南—广州南区段，列车一般停站 3 次，停站比例在 30%～50%；北京西—武汉区段，列车一般停站 7～9 次，停站比例在 30%～50%。

表 2-3　长沙南—广州南区段列车停站次数

G6101	G6103	G6105	G6107	G6109	G6111	G6113	G6115	G6117	G6119	G6121	G6123	D7801
5	4	3	6	3	3	3	3	3	3	3	2	10

表 2-4　北京西—武汉区段列车停站次数

G2503	G511	G517	G509	G527	G573	G507	G513	G515	G519	G521	G523	G525	D2031
4	6	6	7	7	7	8	8	8	9	9	9	11	17

第 3 章　高速铁路列车停站方案关键问题研究

3.1　高速铁路列车停站方案的影响因素

高速铁路列车停站方案的设置涉及客流换乘需要、车站能力、列车等级、区间能力、列车停站率、停站次数等众多因素。

1. 高速铁路列车停站设置与既有线目标侧重点不同

既有线由于运能和运量不相匹配，在列车停站方案编制上，必须充分利用线路通过能力，较少考虑旅客出行时间、换乘情况等；而高速铁路应以最大限度方便旅客出行、提高旅客服务质量和优质的列车运行秩序为目标，并在此基础上，提高动车组和设备使用效率。

2. 高速铁路列车停站设置与铁路的运输成本息息相关

列车停站方案如果与列车运行线不相协调，就会延长高速动车组的占用时间，从而减缓列车车底的周转，导致高速铁路动车组数量、起停车引起的额外能耗、乘务组费用以及车站额外费用等的增加，其中，主要是动车组的费用。

3. 高速铁路列车停站设置与通过能力联系紧密

高速铁路列车停站次数和停站时间长短是影响通过能力的主要因素之一。一般来说，高速铁路列车在站停留时间越短，停站次数越少对通过能力的扣除也就越小，高速铁路通过能力就越大。本质上而言，高速铁路列车停站对通过能力产生的扣除与列车运行图的结构紧密相关。

4. 高速铁路列车停站设置受到列车最大停站次数、停站时间限制

高速铁路最优越的体现就是列车旅行速度的大幅度提升，高速铁路列车停站次数和停站时间长短直接影响列车旅行速度。一方面，如果停站方案与运行图的框架结构不协调，将增加额外的技术停站及时间；另一方面，每个列车的停站次数应相对平均，高速铁路列车在站停留时间越长、停站次数越多将会降低对旅客的吸引力，失去高铁的技术与经济优势。

5. 高速铁路列车停站设置与客流换乘相互影响

由列车开行方案及其列车停站方案组成了旅客换乘选择的基础网络。合理的旅客列车停站方案，有利于减少旅客旅行时间消耗。一方面，可以减少旅客不必要的换乘；另一方面，可以增强旅客换乘的方便性。旅客列车开行方案的停站设置需要根据客流换乘需求情况确定，停站方案确定后客流的换乘选择也会发生相应的改变，停站方案和客流换乘是一个相互影响的过程。

3.2 高速铁路列车停站方案的均衡性和可达性分析

3.2.1 高速铁路客流特征

高速铁路列车停站方案的编制是以客流量为依据的，但仅有客流量是远远不够的。为了使列车停站方案的设定更适应于我国国情，了解高速铁路客流的主要特征及其发展趋势是非常重要的[42,43]。

1. 客流总量大且呈持续上升趋势

我国经济发展处于快速增长时期，在其带动下的运输需求将更加旺盛；同时，我国人口众多，在高速铁路网络逐渐成形并不断完善的背景下，潜在的运输需求将日益凸显。并且，随着人们物质文化水平和生活质量的提高，消费观念发生改变，用于交通出行的消费呈快速增长态势，高速铁路客流流动性增大，产业活动增多。近年来我国高速铁路客运量及旅客周转量呈不断持续上升趋势，如图 3-1、3-2 所示。

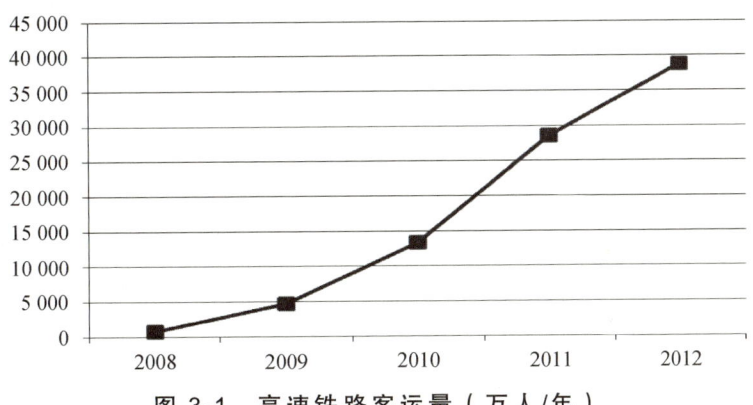

图 3-1　高速铁路客运量（万人/年）

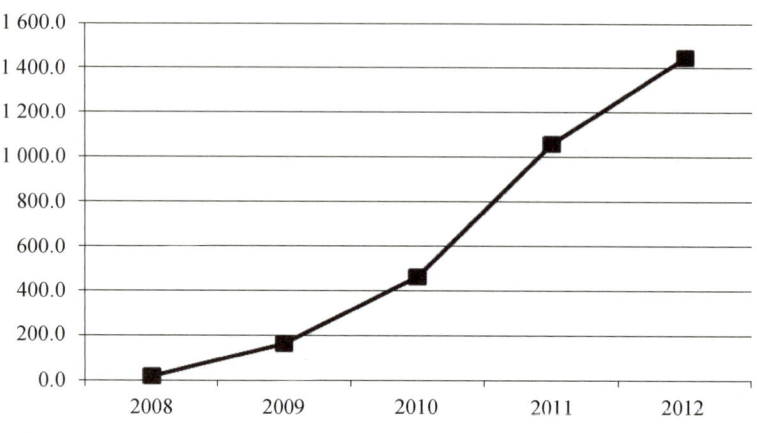

图 3-2　高速铁路旅客周转量（万人公里/年）

2. 客流波动性大，但波动规律相似

高速铁路客流的波动主要体现在日间的不同时段以及一年的不同时期。公务、商务客流以及通勤的学生客流是日间波动性客流的主要成分，其客流高峰时段主要集中于早上的 6：00—10：00 和晚上的 17：00—21：00。旅游客流、学生客流、务工客流及探亲客流是一年不同时期波动性客流的主要成分，其客流高峰时段主要集中在"十一"黄金周、暑期、春节期间以及经济发达地区的周末，其中在春节期间客流波动性最为明显。

此外，我国的长三角、珠三角等特大城市间以及其他经济发达地区有较多公务、商务客流，这些客流在周末休息日期间大大减弱，而在周末集中返程。同时，由于居民消费水平普遍较高，比较注重旅游和娱乐休闲，周末会出现大量的旅游客流，从而导致这部分地区存在较为明显的"周末—工作日"客流波动现象。

3. 客流分布不均

我国人口及工业、企业主要集中分布在东部沿海地区，区域经济发展的不均衡导致客流运输需求在地理空间分布上的不均衡，使得高速铁路客流大多集中在沿海区域向内陆辐射的各重要交通运输通道上，在高速铁路线路的逐渐成网进程中，客流分布不均的趋势将进一步加剧。

4. 客流结构多样，种类繁多

我国高速铁路客流结构多样、种类繁多，不同种类客流之间也相互有交集存在，如本线换乘客流、跨线直达客流等。在高速铁路客流结构中，中长途客流、跨线客流是高速铁路客流最主要的部分[44]。随着高速铁路网规模的不断扩大和延伸，中长途客流和跨线客流的需求将进一步增加。在高速铁路成网以后，途中换乘站的设置使得乘客出行选择更加多样，同时客流在高速铁路网中相互转移和叠加，客流结构更加复杂多样。

5. 多为中长途客流

我国幅员辽阔，主要中心城市布局分散，彼此之间距离较长，且城市之间的客流交换量大，因此，高速铁路网上的长途客流必然大量存在，且占客流总量较大。一项对华南地区高速铁路客运市场的调查表明，在武广及广珠城际等高速铁路线上，中长途旅客占出行总人数的比例达到了 76%[44]。

综上所述，我国高速铁路客流具有运量大、波动性明显、运距长、结构复杂等特点，在高速铁路的发展过程中，这些特征将更加凸显。对我国高速铁路客流特征进行分析，可以很好地了解我国高速铁路不同种类客流对停站设置的需求，有利于高速铁路列车停站方案的编制，从而提高铁路运输服务质量，实现旅客和铁路运输企业的双赢。

3.2.2 高速铁路列车停站均衡性和可达性的必要性

随着经济的发展和人们生活水平的提高，旅客对出行质量的要求越来越高，旅行时间在 12 h 左右的列车应"夕发朝至"或"朝发夕至"，城际、高速铁路列车需满足分时段客流量需求，开行时刻应尽量规律化、节拍化，对不能组织直达运输的客流，应合理规划换乘列车在时间上的接续。因此，旅客列车运行方案编制必须坚持路网整体性、产品多样性、节拍式运输、换乘便捷性，以满足成网条件下客流形态特征、客流变化的影响因素以及客流的时空分布特点的需要，这对列车停站方案的优化提出了更高要求。

因此，高速铁路列车停站应以方便客流出行为主要目标，同时考虑停站间的可达性及停站时刻分布的均衡性。

（1）存在多个种类列车运行的区段，列车停站率一般按不同车种指定，以保证在一个车站不同种类列车具有一定的服务比率。

（2）单个列车的停站分布应尽量均衡，避免一个列车连续在几个站停车而在其他站连续通过的情形。

（3）同一车站停站列车时间分布应依据客流特点，分时段尽量均衡，避免某一时段大量列车停站或无列车停站的情形。

（4）同一运行区段的相同种类列车的停站次数应尽量接近，以保证同种类列车旅行时间的均衡性。

（5）列车停站方案应保证停站间的可达性，以方便旅客换乘的需要。

3.3 高速铁路列车停站方案的客流换乘分析

3.3.1 高速铁路客流换乘

从高速铁路客流的基本特征分析中可知，由于我国路网复杂，规模庞大，线路通过能力紧张，加上客流复杂，层次分明，需求不一，以及地区经济状况等社会因素的影响，我国高速铁路上存在较多的中长途客流及跨线客流，且呈现出不断上升的趋势。在高速铁路网络运能一定的情况下，大部分地区之间特别是在长大干线上各 OD 间所需的直达列车的数量将得不到较好的满足，没有或有较少的直达列车开行，无法满足所有高速旅客出行的直达需求，大部分的旅客在没有直达列车的起讫点之间旅行时，换乘势必成为一种重要的出行形式。同时，由于动车组列车受到检修时间和距离的限制，无法在超过其检修范围的较长距离的 OD 间直接开行，从而导致这部分长途 OD 间客流换乘的发生。此外，由于我国客流分布不均，在经济不发达以及偏远地区，高速铁路线路的覆盖范围有限，路网通达性得不到很好的体现，客流出行往往也需要依靠换乘的方式。同时，随着高速铁路线上列车运行速度、乘车舒适性、便捷度的提高，旅客服务质量的提升，换乘选择方式的增多，旅客自发选择换乘也成为一种趋势。

3.3.2 高速铁路客流输送方式

我国高速铁路客流按是否通过直达方式到达目的地，分为直达客流和换乘客流。客流的输送则分为直达输送和换乘输送。下面分别分析这两种输送模式下的优劣程度以及输送客流时需具备的条件，重点了解换

第3章 高速铁路列车停站方案关键问题研究

乘客流的输送特性。

1. 客流直达输送

高速铁路线上直达客流往往通过本线直达列车或跨线直达列车进行输送。

1) 客流直达输送的优劣

直达列车的开行有助于提高旅客出行的便捷性，减少旅客换乘时间以减少旅客的出行总时间，减少旅客出行的疲劳程度，降低旅客出行的风险[44]。

然而，部分直达列车的开行会对区间运行秩序产生严重的干扰，特别是跨线直达列车的运行；并且一味追求列车直达化，会导致列车开行起讫点设置过多、列车运行区段过长，造成车辆维修资源分散、运输能力不均等问题的产生，从而增大运输成本；当列车出现晚点时，线路的运行秩序紊乱，在短时间内恢复正常运行的难度较大[44、45]。

2) 客流直达输送条件

直达列车的开行并不是随心所欲的，需满足一定的开行条件：

（1）列车直达开行的 OD 间客流交换量需满足能够保证铁路运输企业收益的上座率标准。

（2）我国动车组列车日常检修里程为 3 000 km，为保证行车安全，确保列车检修的正常进行，列车直达开行的 OD 间距离不能超过此里程。

（3）直达列车的开行，特别是跨不同等级线路的直达列车的开行对线路的技术条件有严格的要求。高速线与中速线在线路标准、设备配置以及列控系统等方面需保证良好的互通和兼容。

直达客流应为我国高速铁路上的主体客流。根据对我国高速铁路车站节点等级划分和京广高铁的客票数据[46]进行分析可知，大站之间以及大站与小站间客流为全部客流的主要成分，其中大站与小站间的客流交换主要集中在 500 km 以内，占 71.6%。因此，高速铁路应首先对大站间客流组织直达运输，在满足起讫点设置条件的大站间开行起讫点列车，中长途列车沿线大站多设停站；其次可在短途（500 km 以内）开行区段列车，为大站与小站间的客流提供直达运输服务。

2. 客流换乘输送

1) 换乘客流形成机理

从旅客角度来看,换乘客流分为必然换乘客流和自愿换乘客流。必然换乘往往是受列车开行方案的限制,旅客出行始发站和终到站之间无直达列车开行,旅客必须在换乘站换乘其他列车才能到达目的地,即换乘是旅客出行的必然选择。旅客必然换乘的产生主要由于我国高速铁路网路还不完善,没有形成连通性的网络,同时由于动车组列车受到检修时间和距离的限制无法在超过其检修范围的较长距离 OD 间直接开行,我国存在大量的 OD 对之间,特别是不同高速铁路线上的跨线 OD 间无直达列车可达。如成都到广州的客流,该 OD 间无直达动车组列车开行,旅客可选择"成都—武汉—广州"的换乘方式出行。而自愿换乘一般是旅客本来可以通过直达方式到达目的地,而由于受到自身的各种因素,受到列车高速度的吸引或者是权衡票价因素后选择换乘。也有旅客因为在不同高速线间跨线运行的高速直达列车,由于绕行距离较远,而通过换乘的方式缩短旅行路径。更有旅客因为直达列车余票不足而不得不采取换乘。

从运输企业角度来看,换乘客流又可分为本线换乘客流和跨线换乘客流。由于 OD 间客流量不足、车站技术条件限制、动车组运用检修周期和整备距离的限制等,使得部分本线 OD 和跨线 OD 间无法开行直达列车。同时,有些跨线 OD 间的客流受线路能力、跨线列车运行速度和跨线列车晚点造成干扰等因素的限制,直达列车无法开行,跨线客流只能通过换乘方式到达目的地。此外,我国高速铁路网路还不完善,连通性不强,服务范围有限,从而产生了大量跨线客流。为了提高铁路运输企业的经济效益,降低运输成本,当部分 OD 间客流量充足,虽有条件足以开行直达列车时,但由于开行频次较少,铁路部门为了充分利用一些开行频次较多的列车,不安排直达列车开行而安排旅客在某些节点中转换乘[47]。

2) 客流换乘输送优劣

旅客的换乘出行,同样也具备一定的优点:

(1)可以选择更加合适的出行时间。OD 间直达列车的数量一般较少,列车开行时刻比较受限,只有几个固定的时刻点。而在换乘模式下,旅客出行区段被拆分为多个相对较短的区段,各区段上发车频次较多的中、短途列车为旅客出行提供了更广泛的出行时间选择。例如，高速铁路线上北京到广州的高速铁路列车只有 7 列，此 OD 间的客流选择直达出行的时刻只有 7 个，而北京到武汉的列车有 24 列，武汉到广州的列车有 57 列，北京到广州的客流如果选择在武汉换乘，则其出行时刻有更多的选择。

（2）节省出行时间，舒适性良好。某些 OD 间的直达列车，为了吸引更多的客流，提高铁路运营效益，往往设置过多的停站或者是为了吸引某区域范围内客流而选择路程较远的线路，大大降低了旅行速度，旅客为了提高旅客速度，节省出行时间，避免过长的时间耗费会选择换乘方式。

对运输企业而言，安排旅客的换乘出行也具有一定的价值：

（1）节约铁路运输运营成本。由于中、短途高速铁路列车的开行频率较大，可以为旅客提供优质、便捷的服务，吸引客流，增加运输收益。而且在换乘模式下，运输企业各项资源集中布局、利用率较高，旅客在不同线路间换乘时，不同线路上列车彼此之间无干扰，运行秩序较好，从而有效节约铁路运输运营成本。

（2）均衡区段运输能力。由于我国高速铁路线路较多、规模较大、客流结构复杂，高速铁路线路上必然存在大量运输繁忙的区段，即瓶颈区段。通过组织旅客换乘，能有效缓解瓶颈区段运输能力的限制，在客流合理输送的同时均衡各区段的输送能力。

然而，并不是所有的换乘都能给旅客和运输企业带来较大的方便度和较好的效益。换乘模式同样具备多方面的缺陷与不足。对旅客而言，换乘所产生的影响包括：

（1）购票不便。换乘意味着旅客从出发地到目的地需要购买多张车票，购票时旅客需要考虑接续车次出发时间及席位剩余情况，若接续车次无余票可售将给旅客出行带来严重影响。

（2）影响旅客途中休息，造成旅途疲劳，且增加了旅客的旅行时间。

（3）我国铁路票价率采取"递远递减"原则，旅行距离越长，每公里平均票价越低。中途换乘会增加旅行票价支出。

（4）在列车晚点的情况下，需承担赶不上接续列车的风险。

对运输企业而言，客流换乘造成的影响体现在：

（1）在客流高峰时段，客流换乘需要足够数量的列车来进行接运。若换乘后续列车的开行数量不足或列车发车间隔过长，都将难以满足大量客流换乘的需要。

（2）换乘设施面积不足容易导致乘客拥挤，严重影响旅客换乘效率和舒适性[48]。

（3）客流换乘时容易与站内其他出行客流产生交叉干扰，增加车站作业组织的难度。

为了进一步方便旅客的出行，我国铁路部门采取了一系列措施。如实行网上查询和购票、电话订票、异地取票、多种支付手段等政策[49]，可以让旅客随时随地查询车次信息以及规划换乘出行方案，极大地方便了旅客购票以及换乘查询的便捷性，提高了旅客出行的服务质量和效率。此外，2014 年 12 月份以来，通过逐步延长互联网购票时间，旅客可提前购买到 60 天以内的车票，也为旅客的出行和选择提供了极大的便利。

3.3.2 客流换乘出行行为选择

停站方案的合理设计以及换乘组织的高效进行均要考虑旅客换乘选择行为的影响，旅客的换乘选择决定了旅客的出行路径，影响了线路上客流的分布。深入分析旅客出行行为，了解旅客换乘出行满意度的影响因素，有利于停站方案的确定，有利于更好地服务旅客，满足旅客换乘需求。

1. 旅客换乘出行满意度分析

1）广义费用

影响换乘旅客出行的广义费用值大小的因素应从多个方面来加以确定。

（1）旅客自身特性。不同消费层次旅客的收入水平、消费水平、出行目的和出行距离等存在较大差异，消费特性也是旅客出行选择的一个重要因素。城际高速铁路线上的客流以公务、商务为主，旅客时间价值较大，消费水平较高，携带行李较少，自发的选择换乘将是一种趋势。

（2）外部因素。列车的技术经济特性及出行旅客所在城市的经济状况、交通条件等是影响旅客出行选择的外部因素。其中，列车的技术经济特性起着至关重要的作用，包含高速度性、便捷性、准时性、经济性、安全性和舒适性等，是衡量铁路运输服务质量的特性。高速度性、便捷性和准时性与列车运速度和运行时间有关;经济性体现在票价及其他旅行费用上;高速铁路列车的安全性可以得到很好的保证,且列车的准时性都较高;舒适性体现在候车环境及乘车环境是否拥挤、列车上座率、车厢硬件设施等方面。舒适性用旅客疲劳恢复时间来衡量,疲劳恢复所需时间越短,说明旅行的舒适性越好,反之越差。疲劳恢复时间与旅行时间的关系如式(3-1)所示:

$$t_{恢复} = \begin{cases} \dfrac{LT}{1+a \times e^{-bt}}, & t \neq 0 \\ 0, & t = 0 \end{cases} \quad (3\text{-}1)$$

式中　$t_{恢复}$——旅客疲劳恢复所需时间,h 或 min;

　　　L——旅客出行距离,km;

　　　T——旅客出行时间耗费,h 或 min;

　　　a、b——待定参数。

(3)随机因素。在遇到突发事件造成铁路线路中断,或是因为旅客不能及时了解铁路信息发布的情况而造成客流的异常变化等因素时,由于此类因素比较随机,且概率较低,在定量分析影响旅客出行满意度时可暂时不予考虑。

从以上分析可以看出:旅客在选择出行方案时,最主要的还是考虑交通方式的经济性、高速度性和便捷性等 3 个方面,即旅客出行的广义费用,包括旅行费用、旅行时间和换乘出行便捷度等。

旅行费用指旅客乘坐的高速铁路列车的票价支出,由旅客出行距离以及每公里票价率决定,其中每公里票价率取决于所乘坐的列车等级。

旅行时间指旅客乘坐列车时的在途旅行时间,由旅客出行的距离和旅客所乘坐列车的运行速度来确定。

换乘便捷度主要由旅客选择换乘出行后在换乘站等待接续列车的时间和精力消耗来确定,换乘等待时间和精力耗费由车站的换乘组织工作和换乘接续列车的发车频率决定。

2)出行方便度

旅客出行方案选择的广义总成本除了以上分析的广义费用以外,还与旅客选择出行的列车开车时刻和旅客出行选择自由度的大小有关,可用旅客出行相对方便度来描述。

何宇强[50]通过问卷调查发现,在列车合理发车时间范围内(一般为

6:00—24:00），旅客对旅行时间选择上有明显的偏好，旅客在对不同发车时段的选择比例会出现两个高峰，如图 3-3 所示，第一个高峰为 11:00—13:00 点，第二个高峰为 19:00—21:00 点。旅客选择发车时刻的比例越高，说明旅客越认可该发车时段的方便程度。图中 7-9 是指 7:00—9:00，不含 9:00 的时段。

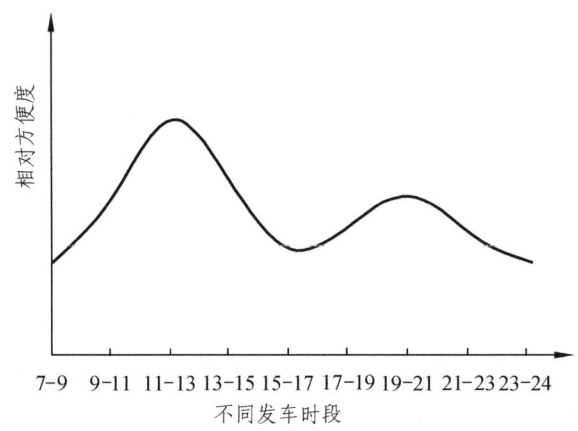

图 3-3　旅客在不同发车时段的出行方便度相对变化情况

在高速铁路列车的合理发车时间范围内，旅客出行时间选择的灵活程度，与列车开行方案中满足旅客出行条件的列车开行数量呈正相关关系，旅客出行可选方案越多，旅客出行时间选择越灵活方便，即出行相对方便度越大，如图 3-4 所示。

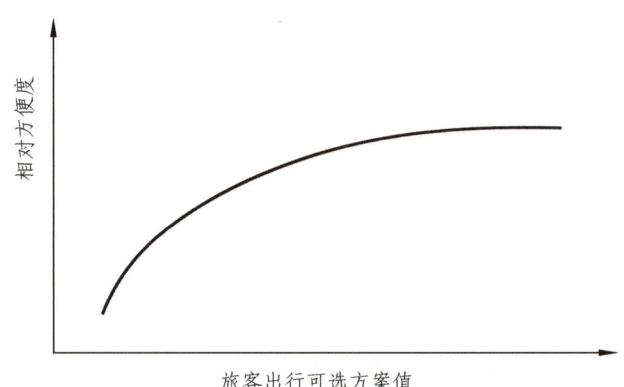

图 3-4　旅客出行相对方便度随可选方案值的变化情况

第3章 高速铁路列车停站方案关键问题研究

旅客换乘可选方案值（$n_{换}$）指出行旅客通过换乘方式出行的总方案值，与选择换乘出行时乘坐的前行列车开行数量（$n_{前}$）和所换乘的后续列车的开行数量（$n_{后}$）有关，取两者的乘积。即

$$n_{换} = n_{前} \times n_{后} \quad (3\text{-}2)$$

构造换乘旅客出行广义总成本函数 $W_{总}$，将其表示为

$$W_{总} = \frac{U_{广义}}{\varphi_1 \cdot \varphi_2} \quad (3\text{-}3)$$

式中　$W_{总}$——换乘旅客出行广义总成本；

　　　$U_{广义}$——费用支出、时间支出和出行便捷度等构成的广义费用；

　　　φ_1、φ_2——出行方便度系数。

φ_1 指不同发车时间段内的方便度系数值，在旅客可接受的合理时间范围内，$\varphi_1 = 1$，在其他发车时间段内，$0 < \varphi_1 < 1$。列车到发时间以及换乘时间越不合理，φ_1 值越小；φ_2 指不同换乘可选方案值时的方便度系数值，换乘可选乘车方案值为 1 时，$\varphi_2 = 1$；换乘可选乘车方案值大于 1 时，$0 < \varphi_2 < 1$。旅客换乘可选乘车方案值越大，φ_2 值越大。

一般在换乘可选方案值较大时，旅客出行可选列车到发时刻在时间分布上会较为分散，旅客往往可以根据自己的喜好和出行目的等选择较为合适的时间点出行，故换乘可选方案值的大小较旅行时间选择对于旅客换乘出行方便度的影响程度更大，甚至在一定程度上可忽略出行时刻对于换乘方便的影响，即旅客换乘出行方便度的大小只与列车换乘可选方案值的大小有关，则有

$$W_{总} = \frac{U_{广义}}{\varphi_2} \quad (3\text{-}4)$$

旅客换乘出行的满意度可以用出行广义总成本来衡量。当旅客选择的换乘出行方案的广义总成本小于某一确定值时，可认为旅客对于该换乘出行是满意的；当旅客选择的换乘出行方案的广义总成本大于旅客可以接受的范围，可认为旅客对于该换乘出行方案完全不满意；当旅客换乘出行广义总成本在合理范围内，旅客对于换乘出行方案的满意度随广义总成本的增加而降低。相对关系如图 3-5 所示。

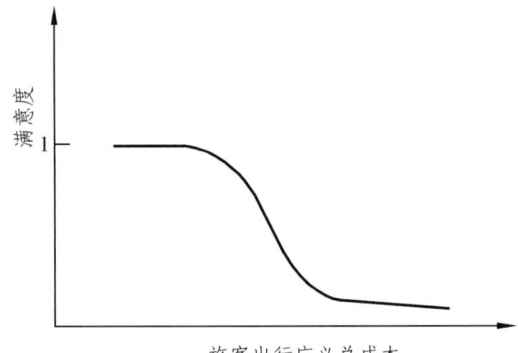

图 3-5 旅客换乘出行满意度与广义总成本之间的相对关系

2. 不同换乘时间条件下的旅客选择行为

1）不同列车接续方式下换乘时间的确定

列车接续时间指自前行列车到达换乘站时起至接续列车由换乘站发出时止的时间间隔[42]。而客流换乘时间指旅客到达换乘站时起至旅客坐上接续列车时止的时间，包括下车时间、换乘途中走行时间、上车时间等（不包含旅客换乘等待时间）。

为了保证旅客的顺利换乘，同时考虑到前行列车可能晚点情况的发生，需结合旅客换乘时间的大小安排换乘列车之间的接续时间。不同类型旅客换乘时间不同，如携带行李轻便的青年人、行李较多的中年人、步履蹒跚的老年人以及抱小孩的妇女等换乘时间不一致，为了保证所有类型旅客的顺利换乘，需满足

$$t_{接续} > t'_{换乘} \tag{3-5}$$

式中　$t_{接续}$——换乘客流乘坐列车之间的接续时间；

　　　$t'_{换乘}$——换乘速度最慢旅客所需的最短换乘时间。

到站旅客的换乘有 3 种情况：

（1）同一节点上不同车站之间换乘。

由于旅客在选择换乘站时一般考虑在某个城市而较少具体考虑在某个车站进行换乘，同时由于同一节点城市的不同车站安排接发列车的数量和列车开行的方向不同，很多旅客在换乘的时候不能在同一车站进行，而需要借助市内交通工具到达换乘车站。如到达武汉节点汉口站的客流，可能需要在武昌站换乘下一趟列车。

第 3 章 高速铁路列车停站方案关键问题研究

此类换乘所需的换乘时间较长，换乘过程也较为烦琐。旅客需出站后找寻市内交通工具，一般在车站附近就有到达周边重要站点的交通工具。换乘时间还包含市内交通走行时间、到达换乘站后需重新进站检票上车时间，有部分旅客还需购买车票的时间等。一般到达市内换乘站所需时间大概为 1 h 30 min，如汉口站和武昌站之间乘坐地铁或公交车 1 h 左右可到达，成都北站与成都东站之间乘坐地铁 1 h 之内可到达。加上候车等待时间和突发因素，以及旅客到达换乘站之后的进站和上车过程，接续列车的到发时间间隔应能满足客流顺利到达换乘站的时间要求，即至少保证 2 h 的接续时间。

（2）同一节点同一车站的不同站台换乘。

此部分旅客换乘较为方便快捷，旅客下车以后只需要通过天桥或者是地下通道步行到换乘列车所停靠的站台即可。根据站台之间的距离，一般旅客上下车以及走行时间为 5~10 min。为保证客流换乘的顺利完成，可设定列车间的最短接续时间为 10~15 min。

（3）同一节点同一车站的同站台换乘。

此类换乘最为理想化。旅客不需要通过天桥或者是地下通道等设施，下车后可立马换乘到后续列车，换乘可迅速完成。根据我国高速铁路客运的实际情况，旅客上车需要 3~5 min，下车需要 2~3 min，设定最短接续时间为 8~10 min。

后两种换乘方式对运输组织要求较高，需要紧密迅速的组织，列车之间的接续时间需要严格控制，一般实现较为困难。为了避免旅客长时间在站台上逗留，影响旅客的安全性和舒适性，对于接续列车之间的接续时间要求较高，特别是后续列车的正点需得到保证。如后续列车发生晚点，旅客需在站台上等待，会对车站组织作业造成干扰，旅客在站台等待也给旅客带来一定程度的精神损耗。

不同的换乘方式各具特点，应根据实际情况选用不同的换乘方式，但都要以满足客流需求为首要目标，结合线路条件、地理环境，充分利用资源，优化客流运输组织，使效益最大化，并适当考虑长期规划，为旅客提供一个舒适便捷的换乘条件。

2）不同层次客流在不同换乘时间下的换乘行为选择

无论是何种层次的客流，在换乘必然发生或自愿发生时，都希望换乘时间越短越好。

对于同一节点不同车站之间的换乘情况，由于换乘时间较长，而在车旅行时间较短的短途客流一般不会选择此类换乘。只有中长途客流以及对旅行时间无过多要求的低消费层次的客流，在换乘方案更为经济合理且换乘时间较为适宜时会选择此类换乘方式。根据我国旅客疲劳程度，一般在旅行 7~8 h 以后旅客较为疲劳，不再倾向于换乘的发生，因此对中长途旅客而言，换乘最好安排在旅客产生疲劳之前。但无论对短途客流还是长途客流，对于过长时间的异站换乘都较为排斥，铁路运输企业应合理安排列车的开行，尽量避免此类换乘情况的发生。在同一节点同一车站的不同站台以及同一站台的换乘方式，由于列车接续时间都较短，换乘客流可在较短时间内完成换乘，因此无论是短途客流还是中长途客流都较为欢迎。

对于短途旅客而言，根据我国旅客出行心理，不期望在途中进行换乘，希望乘坐直达列车到达目的地。而在无直达列车到达目的地的情况下，若列车接续时间过长，换乘所需时间占旅行总时间比例较大时，则会摒弃此类换乘，而选择其他交通方式出行。因此，对于客流量较大的短距离 OD 间，应尽量安排列车的直达开行；在无法安排直达列车开行的情况下，应尽量杜绝旅客在同一节点的不同车站之间的长时间换乘，尽量安排在同一节点的同一车站上进行短时间的换乘，保证旅客的出行舒适性和经济性，避免造成大量短途客流的流失。

对于城际客流而言，由于城际高速铁路线路一般较短，且列车多为 A 类高速铁路列车，旅客更注重旅行的时间和旅行的舒适性，旅客一般不会选择在途中换乘。在换乘必然发生的情况下，会造成部分客流流失。而对另一部分换乘客流，也需安排短时间的同站换乘。故对于城际线路上的 OD 间，应安排足够满足客流需求的直达列车，减少甚至杜绝换乘的发生。通道型客流一般多为中长途客流，由于运行距离较长，一般不排斥途中换乘，且对于换乘时间的要求不是特别高。

对于高等消费水平以及部分中等消费水平的客流而言，更注重的是旅行的时间和舒适性，因此一般考虑换乘也仅针对换乘时间较短且换乘的后续列车旅行速度更高的换乘。而对部分中等消费水平及低等消费水平的客流而言，由于更注重旅行的经济性，因此在旅行所需费用更低的情况下，不会排斥长时间的异站换乘。

根据以上对不同种类客流对换乘时间的选择行为分析，可得出表 3-1 所示的不同层次客流对于不同换乘方式的接受程度。

表 3-1　不同种类客流对不同换乘方式的接受程度

换乘敏感度 客流分类	换乘方式		
	异站换乘	同站异站台换乘	同站同站台换乘
高消费层次客流	1	4	3
中消费层次客流	2	3	4
低消费层次客流	2	4	4
长途客流	3	4	4
中途客流	2	3	4
短途客流	1	3	4
城际客流	1	2	3
通道客流	2	3	4

注：表中数字 1~4 分别表示对换乘方式的敏感性由排斥到接受程度。1 代表非常排斥；2 代表一般排斥；3 代表一般接受；4 代表可接受。

3.3.3　换乘节点的选取和确定

1. 换乘节点技术条件

我国众多专家学者根据运输需求、线路属性、运输能力和社会属性等指标，运用聚类分析方法或灰色关联策略等方法[18]对高速铁路上的节点划分进行了大量的研究，也产生了对车站节点的不同分类结果。一般来说，将其分为路网节点、区域节点、地方节点和一般节点等 4 类，也可称之为一级节点、二级节点、三级节点和四级节点。

（1）路网节点。一般位于多条主要高速铁路线路的衔接地带，具有较好的通达性和线路辐射能力，在铁路运输网络中起着重要的作用，多属于人口密集，经济和文化活动频繁的中心城市。此类节点一般为高速铁路线上最为关键的始发、终到节点或车站，旅客的发送量和接收量位居前列。

（2）区域节点。一般处于多条主要高速铁路线路与多条次要高速铁路线路的衔接处，在高速铁路系统中起着承上启下的关键作用，保证了各区域之间与各重要路网节点之间良好的连通性。此类节点多为人口基数庞大、经济发达、与相邻城市有密切联系的省会城市。

（3）地方节点。一般位于高速铁路线路的尽端或通过处，在区域范围内具有较强的通达性，是高速铁路线路上必要的衔接节点。此类节点一般为路网上人口数量规模和经济发展水平均居中上等的城市。

（4）一般节点。除以上3种节点以外的其他车站节点，没有特别显著的特征。

换乘节点是高速铁路车站节点中的一种，它承担着客流换乘活动的顺利进行，是实现换乘过程的关键环节[47]。根据高速铁路节点的划分规律，同样也将换乘节点划分为4类，即路网换乘节点、区域换乘节点、地方换乘节点和一般换乘节点。客流换乘的高效顺利进行取决于换乘节点技术条件：

（1）旅客发送量、接收量以及车站所受列车服务频次在路网中排名靠前。

（2）具备较好的客流吸引能力，客流密度变化明显，客流换乘需求量大。

（3）衔接多个方向，辐射范围广，即节点具有较好的通达性和联络性，通常衔接线路为3条及以上。

（4）能办理旅客上、下车及换乘作业，列车的始发、终到作业，客运整备作业等，且配设有高速铁路列车运用维修所等设施。

（5）具有较好的客流疏散能力和接发车能力。

（6）具备较好的服务质量，能保证换乘过程的连续性和通畅性。

（7）列车接续良好，客流换乘能顺利及时完成。

（8）对于高速线与中速线相衔接的换乘车站而言，需具备一定数量与车站规模和客流相匹配的联络线。联络线是两种速度等级的高速铁路线之间的联络通道，用以满足不同等级列车的到站停靠以及其他技术作业的顺利进行。

2. 基于换乘方便度的换乘节点的选取和确定

在高速铁路线路上，换乘节点的选取和确定有利于事先加强换乘节点的换乘作业组织，提高旅客换乘的效率。根据上面对换乘节点所需具备的技术条件以及换乘节点的分类研究可以看出,路网节点和区域节点，即一、二级节点满足换乘节点具备的技术条件，是旅客选择换乘的主要场所，常为换乘节点的主要备选集。此外，也有极少部分客流将其他等级的节点作为换乘节点。

根据对我国既有高速铁路线上不同区段内直达列车开行数量和不同换乘节点衔接区段满足换乘接续要求的列车开行数量进行对比，从旅客

换乘选择出行方案值的大小来选取和确定换乘节点,分析得出不同高速铁路线上换乘节点的选取符合一定规律[44]:

(1)城际高速铁路的线路一般较短,线路上的客流密度较大,对于这种路程短且客流密度大的OD间,列车运行多采用小编组、高频次的开行方式,因此,本线客流一般不需要通过换乘就能方便快捷地实现出行。

(2)通道型高速铁路本线客流对于换乘节点的选取,一般在高速铁路线的中心位置,即将运行区段分为两个相似距离区段的节点处。同时,换乘节点为路网上较大的节点,且等级排名靠前。

根据现行的京广、沪汉蓉高速铁路列车运行图(2015年2月9日),北京—广州、上海—成都方向直达列车和各换乘节点下满足换乘接续条件的列车开行数量,如表3-2、3-3所示。其中,各换乘节点下各区段的列车开行数量不包括直达方案中的列车开行数量(下同),如武汉—广州方向的列车开行数量不包括北京—广州方向的列车开行数量,但可以包括郑州—广州方向在武汉有停站的列车开行数量。

表 3-2 北京—广州方向各换乘方案满足接续条件的列车开行数量

换乘方案	区段	开行数量			区段	开行数量		
		D车	G车	总计		D车	G车	总计
直达方案	北京—广州	2	4	6	—	—	—	—
石家庄节点换乘方案	北京—石家庄	7	73	80	石家庄—广州	0	1	1
郑州节点换乘方案	北京—郑州	1	43	44	郑州—广州	0	15	15
武汉节点换乘方案	北京—武汉	1	21	22	武汉—广州	1	56	57
长沙节点换乘方案	北京—长沙	0	9	9	长沙—广州	1	93	94

表 3-3 上海—成都方向各换乘方案满足接续条件的列车开行数量

换乘方案	区段	开行数量			区段	开行数量		
		D车	G车	总计		D车	G车	总计
直达方案	上海—成都	3	0	3	—	—	—	—
南京节点换乘方案	上海—南京	3	125	128	南京—成都	3	0	3
合肥节点换乘方案	上海—合肥	16	26	42	合肥—成都	3	0	3
武汉节点换乘方案	上海—武汉	20	6	26	武汉—成都	9	1	10
重庆节点换乘方案	上海—重庆	2	0	2	重庆—成都	22	1	23

从表 3-2、3-3 可以看出，从北京到广州的换乘方案中，武汉节点下换乘接续的前行列车数量和后续列车数量均较多,在武汉节点换乘最优，在郑州节点换乘次之；同理，从上海到成都的换乘方案中，在武汉节点换乘最优。研究其主要原因有：武汉和郑州均为路网上较大的车站节点，在换乘节点等级排序中位于前几；武汉位于京广高速铁路和沪汉蓉高速铁路的中心位置，并将列车的运行区段拆分为两个相似距离区段。

（3）无论是城际型高速铁路线路、通道型高速铁路线路还是两者的混合线路，对于跨线客流而言，客流换乘节点的选取一般在高速铁路线的衔接处。

2014 年年末，北京至成都方向高铁的开通和运营备受瞩目。根据 12306 网站数据，统计北京—成都方向的直达列车和各换乘节点下满足换乘接续条件的列车开行数量，分别以石家庄、郑州、武汉和重庆作为换乘节点，分析各换乘接续列车的数量，如表 3-4 所示。

表 3-4　北京—成都方向各换乘方案满足接续条件的列车开行数量

换乘方案	区段	开行数量			区段	开行数量		
		D 车	G 车	总计		D 车	G 车	总计
直达方案	北京—成都	0	1	1	—	—	—	—
石家庄节点换乘方案	北京—石家庄	7	76	83	石家庄—成都	0	0	0
郑州节点换乘方案	北京—郑州	3	46	49	郑州—成都	1	0	1
武汉节点换乘方案	北京—武汉	1	24	25	武汉—成都	12	0	12
重庆节点换乘方案	北京—重庆	0	1	1	重庆—成都	25	0	25

同样计算从上海—广州方向的直达列车和各换乘节点下满足换乘接续条件的列车开行数量，如表 3-5 所示。

表 3-5　上海—广州方向各换乘方案满足接续条件的列车开行数量

换乘方案	区段	开行数量			区段	开行数量		
		D 车	G 车	总计		D 车	G 车	总计
直达方案	上海—广州	1	5	6	—	—	—	—
杭州节点换乘方案	上海—杭州	18	44	62	杭州—广州	0	1	1
南昌节点换乘方案	上海—南昌	2	32	34	南昌—广州	0	6	6
长沙节点换乘方案	上海—长沙	0	20	20	长沙—广州	1	93	94

注：表中数据均来源于 12306 网站上 2015 年 2 月 9 日列车开行数据。

第 3 章 高速铁路列车停站方案关键问题研究

从表 3-4 可以看出，北京—成都的换乘方案中，武汉节点下的换乘接续的前行列车数量和后续列车数量均较多，北京—成都方向旅客选择武汉作为换乘节点最佳；同理，上海—广州方向旅客选择长沙作为换乘节点最佳。武汉是京广高速铁路和沪汉蓉高速铁路的衔接站点，长沙是京广高速铁路和沪昆高速铁路的衔接站点。

（4）通道型高速铁路线中包含城际段时，为充分利用城际高速铁路线上列车高频次的发车特点，旅客一般在城际段的始（终）端车站节点上换乘比较有利。

由此可见，不论对于某种线路条件，换乘可选方案数量的多寡，即换乘出行方便强度成为旅客是否选择换乘出行的重要依据。

3.3.4 广义费用下旅客换乘选择的定量计算

从以上对换乘节点的选取和确定分析中可以看出，车站具备的换乘可选列车数越多，越能吸引旅客在此换乘。在旅客出行的始发站和终到站之间，有多个换乘强度较高的换乘节点车站，且均有一定的直达可达强度和换乘可达强度存在时，即通过直达方式或换乘方式均可到达目的地时，旅客如何选择合适的乘车方案，则需要进行具体的量化分析，以广义总成本的多寡来考虑换乘与否。不同层次客流时间价值不一，对于换乘选择的满意度不一，对不同列车接续方式下换乘的选择标准也不一致。

旅客的换乘发生在同等级线路之间以及不同等级线路之间。在同等级线路之间，由于出行票价一致，直达方式的广义费用低于换乘方式，且直达方式更为舒适，大多数旅客都选择直达方式。而在不同等级线路之间换乘，则需要衡量票价与旅行时间所构成的广义费用的大小来选择换乘与否。

不同等级线路间的换乘可以归纳为两种：① 换乘到速度较高的列车，即从 B 类高速铁路列车换乘到 A 类高速铁路列车；② 换乘到速度较低的列车，即从 A 类高速铁路列车换乘到 B 类高速铁路列车。通过换乘总成本来定量分析从 B 类高速铁路列车换乘 A 类高速铁路列车的情况，并与直达方式进行比较。

旅客在选择是否换乘 A 类高速铁路列车时，一般是为了追求更高速度，缩短旅行的时间，但换乘也带来了在换乘等待时间和精力上的消耗，因而旅客是否选择换乘与旅客愿意为节省在车旅行时间而支付的代价有关。通过对直达和换乘两种方案的广义总成本大小进行比选来决定旅客换乘与否的出行行为。在定量分析比较直达方案和换乘方案的出行总成本时，假定直达方案值和换乘可选方案值相同（假设均为1），且列车出发时刻均在合理范围内，即 $\varphi_1=1$、$\varphi_2=1$。此时出行广义总成本即为广义费用值，$W_{总}=U_{广义}$。

广义费用模型可描述为

$$U_{广义}=\sum_{y=1}^{3}\rho_{xy}\cdot U_y=\rho_{x1}\cdot U_1+\rho_{x2}\cdot U_2+\rho_{x3}\cdot U_3 \quad (3\text{-}6)$$

式中　U_1——票价支出，元；

U_2——旅行时间耗费成本，元；

U_3——中转换乘时间成本，元；

ρ_{xy}——各层次客流对不同影响因素的权重值大小；

$y=1,2,3$——费用、时间和便捷性影响因素；

$x=1,2,3$——高、中、低消费客流。

票价支出由列车运行距离和每公里票价率相乘得到；旅行时间耗费成本由旅客旅行时间和旅客单位时间价值相乘得到；中转换乘时间成本与旅行时间耗费成本不同，由旅客中转换乘等待时间和旅客时间价值相乘，同时考虑到换乘等待精神损耗对时间价值的影响。

根据既有文献[45]中的数据，得到不同层次客流的满意度影响因素权重值，见表 3-6。

表 3-6　不同层次客流对满意度影响因素权重划分

客流层次	费用	时间	便捷性
高等消费客流（$x=1$）	0.12（ρ_{11}）	0.68（ρ_{12}）	0.20（ρ_{13}）
中等消费客流（$x=2$）	0.40（ρ_{21}）	0.35（ρ_{22}）	0.25（ρ_{23}）
等低消费客流（$x=3$）	0.65（ρ_{31}）	0.15（ρ_{32}）	0.20（ρ_{33}）

如图 3-6 所示，图中 O 站客流既可通过中速线直接到达目的地 D 站，又可在 H 站换乘高速线上的 A 类高速铁路列车到达目的地 D 站。假定图中 OD 间直达方案值与换乘方案值均为 1，即 OD 间直达列车数量为 1，

通过换乘到达 D 站的方式也只有 1 种,且各列车的始发终到时刻都在合理范围之内。

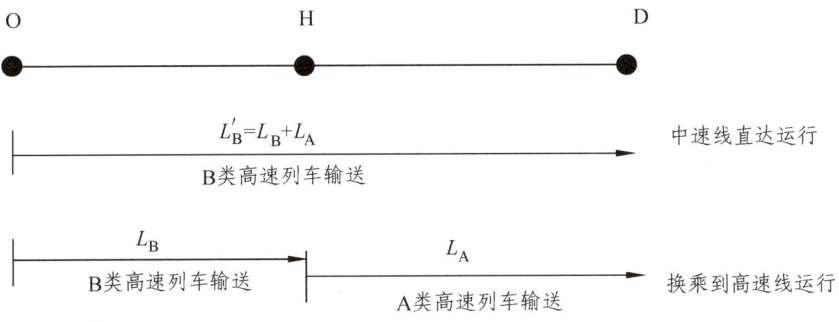

图 3-6　直达和换乘方案示意图

下面分别分析两种乘车方案的广义费用。

直达方案

$$U_{直达} = \rho_{x1} \cdot U_1 + \rho_{x2} \cdot U_2 = \rho_{x1} \cdot (L_B \cdot F_B) + \rho_{x2} \cdot \left(\omega_x \cdot \frac{L_B}{V_B} \right) \quad (3\text{-}7)$$

换乘方案

$$\begin{aligned} U_{换乘} &= (\rho_{x1} \cdot U_1 + \rho_{x2} \cdot U_2 + \rho_{x3} \cdot U_3) \\ &= \rho_{x1} \cdot (L_B \cdot F_B + L_A \cdot F_A) + \rho_{x2} \cdot \left[\omega_x \cdot \left(\frac{L_B}{V_B} + \frac{L_A}{V_A} \right) \right] + \rho_{x3} \cdot (\omega_x \cdot t_{换乘}) \end{aligned} \quad (3\text{-}8)$$

当 $U_{换乘} \leqslant U_{直达}$ 时,换乘方案的广义总成本不高于直达方案,旅客选择换乘方案更为有利,即

$$L_A \geqslant \frac{\rho_{x3} \cdot \mu \omega_x \cdot t_{换乘} \cdot v_A v_B}{\rho_{x2} \cdot \omega_x (v_A - v_B) - \rho_{x1} \cdot v_A v_B (F_A - F_B)} \quad (3\text{-}9)$$

式中　L_A——换乘方案下在高速线上的旅行距离,km;

L_B——换乘方案下在中速线上的旅行距离,km;

L_B'——旅行全程距离,$L_B' = L_B + L_A$,km;

v_A —— A 类高速铁路列车的旅行速度，km/h；

v_B —— B 类高速铁路列车的旅行速度，km/h；

$t_{换乘}$ —— 换乘而耽误的时间，即换乘等待时间，h。

F_A —— A 类高速铁路列车票价率，元/（人·km）；

F_B —— B 类高速铁路列车票价率，元/（人·km）；

ω_x —— 不同层次客流的旅行单位时间价值，元/h；

μ —— 换乘等待精神损耗系数，$\mu = 2$；

ω'_x —— 旅客换乘等待单位时间价值，$\omega'_x = \mu \cdot \omega_x$，元/h。

从上面的公式可以看出，当旅客换乘到高速线上行驶的距离满足式（3-8）中条件时，选择换乘方案有利。而临界高速线行驶距离 L_A 不仅与 A 类高速铁路列车、B 类高速铁路列车的运行速度和换乘等待时间有关，还与旅客的单位时间价值、换乘等待精神损耗系数、两种列车的票价差额、不同层次客流对换乘影响因素的权重大小有关，与换乘前 B 类高速铁路列车行驶距离无关。

据有关研究表明，换乘给旅客带来一定的疲劳感，且承担着一定的风险[48]，故旅客换乘等待单位时间价值远高于旅行单位时间价值。有国外学者研究表明"单位等待时间成本为单位行驶时间成本的两倍[51]"，故取 $\mu = 2$。

有资料表明，在高速铁路线上 A 类高速铁路列车与 B 类高速铁路列车共线运行的运输组织模式中，最高运行速度为 300 km/h 的 A 类高速铁路列车和最高运行速度为 200 km/h 的 B 类高速铁路列车匹配较好[52]，故在此取 $v_A = 300$ km/h，$v_B = 200$ km/h。

由于我国不同线路上使用的动车组列车的类型不同，同时考虑到线路辐射范围内的经济水平、物价、出行人群以及国家政策等方面的原因，单位公里票价率不一样。根据 12306 网站上各线路上不同种类动车组列车的票价以及列车运行里程，得到不同种类列车的二等座票价率如表 3-7、表 3-8 所示，选取表中数据的平均值作为两种动车组列车的固定单位公里票价率（不考虑票价"递远递减"原则），得到 A 类高速铁路列车与 B 类高速铁路列车的二等座票价率差值为 0.10 元/（人·km）。

表 3-7　A 类高速铁路列车（G 车）票价率计算表

	京津	武广	京沪	京哈	广西	京广
里程/km	120	1069	1318	1324	2119	2298
二等座票价/元	54.4	463.5	553	461	813.5	862
每公里票价率/（元/km）	0.454	0.434	0.420	0.348	0.384	0.375
平均每公里票价率/（元/km）	0.403					

表 3-8　B 类高速铁路列车（D 车）票价率计算表

	成渝	胶济	武广	杭福深	沪汉蓉	京广
里程/km	313	330	1069	1450	1986	2298
二等座票价/元	96.5	99.5	328.5	432	606	709
每公里票价率/（元/km）	0.308	0.302	0.307	0.298	0.305	0.309
平均每公里票价率/（元/km）	0.303					

要使式（3-8）有意义，同时需满足

$$\rho_{x2} \cdot \omega_x (v_A - v_B) - \rho_{x1} \cdot v_A v_B (F_A - F_B) > 0 \quad (3-10)$$

即

$$\frac{\rho_{x2}}{\rho_{x1}} \cdot \omega_x > \frac{v_A v_B (F_A - F_B)}{v_A - v_B} = \frac{300 \times 200 \times 0.10}{300 - 200} = 60 \text{ 元/h} \quad (3-11)$$

从式（3-10）可以看出：只有旅客的时间价值较高，且旅客对旅行时间和票价的敏感性比值较大，换乘才有意义。

由表 3-6 中数据可计算得到

$$x = \{1, 2, 3\} \text{ 时}, \quad \frac{\rho_{x2}}{\rho_{x1}} = \{5.667、0.875、0.231\}$$

根据统计年鉴数据显示，2013 年我国国内生产总值 568 845.2 亿元，就业人员总数 76 977 万人，按照每人每天工作 8 h，每月工作 20 天，每年工作 12 个月计算，就业人员的平均时间价值为 38.5 元/h。假设 $\omega_3 \geq 38.5$ 元/h。

中等消费客流和低等消费客流的单位时间价值相对较低，且对时间的敏感性相对票价的敏感性较低，不能满足 $\frac{\rho_{x2}}{\rho_{x1}} \cdot \omega_x > 60$，故从中速线换乘到高速线只对高等消费客流才有意义。

根据 3.3.3 中不同列车接续方式下所需的换乘时间，分别对 $t_{换乘}$ 取 $t_{换乘}$ = 2 h、15 min、10 min。在 ω_3（$\omega_3 > 38.5$元/h）取不同值时，计算 $L_{A临界} = \dfrac{24\,000\omega_3}{68\omega_3 - 720} \cdot t_{换乘}$，计算结果如表 3-9 所示。绘制换乘方案在高速线行驶的临界换乘距离 $L_{A临界}$ 与换乘时间 $t_{换乘}$ 的关系，如图 3-7 所示。

表 3-9 不同时间价值下的临界换乘距离 $L_{A临界}$ 与换乘时间 $t_{换乘}$

单位时间价值 ω_3/（元/h）	换乘时间 $t_{换乘}$/min	临界换乘距离 $L_{A临界}$/km	单位时间价值 ω_3/（元/h）	换乘时间 $t_{换乘}$/min	临界换乘距离 $L_{A临界}$/km
40	120	960	60	120	857.2
40	15	120	60	15	107.2
40	10	80	60	10	71.5
45	120	923.2	80	120	813.6
45	15	115.4	80	15	101.7
45	10	76.9	80	10	67.8
50	120	895.6	100	120	789.6
50	15	112.0	100	15	98.7
50	10	74.7	100	10	65.8

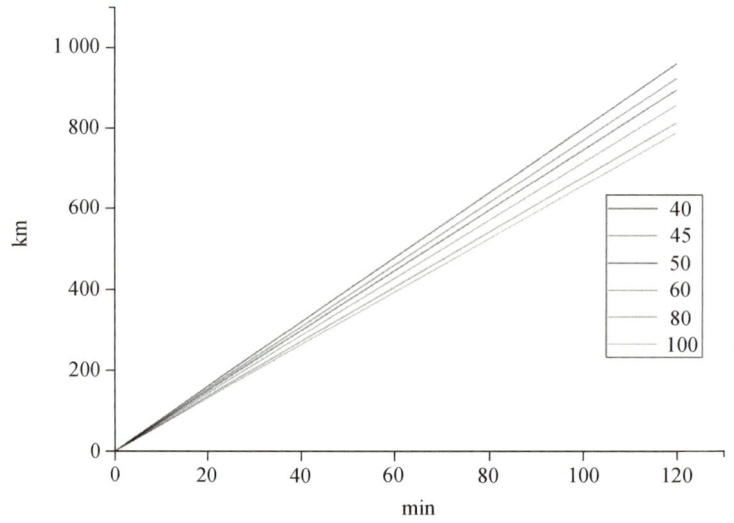

图 3-7 不同时间价值下临界换乘距离与换乘时间关系图

通过图 3-7 可以看出，针对高等消费层次的旅客，当旅客的单位时间价值 ω_3 一定时，临界换乘距离 $L_{A临界}$ 随着 $t_{换乘}$ 的增加而增大；在换乘等待时间一定时，旅客的单位时间价值 ω_3 越高，临界换乘距离 $L_{A临界}$ 就越短，但由于受到旅客对不同影响因素的敏感度大小的影响和限制，临界换乘距离 $L_{A临界}$ 随单位时间价值 ω_3 的变化不大。

对于换乘接续时间较长的短途客流而言，选择换乘不合理，短途客流对于换乘时间的敏感性较高。故在实际列车运行图的编制过程中，应尽量避免短途客流在节点的不同车站进行换乘，以免造成客流的损失。对于距离较短的高速铁路线路，如城际高速铁路，需要提高旅客换乘的方便程度，缩小旅客换乘时间，吸引更多旅客选择换乘高速线出行。同时，旅客的单位出行时间价值越高，换乘到高速线出行越有利。无论是长距离线路还是短距离线路，在保证较短换乘时间时，均能较好地吸引不同时间价值的客流换乘高速线。因此，铁路运输部门要通过增加列车发车数量、合理安排换乘列车的接续等来缩短旅客换乘所需的时间，吸引更多的高速客流，提高高速铁路的运营收益。

根据以上分析，可以为高速铁路线上换乘旅客的出行以及旅客对换乘节点的选择提供一定的参考依据。

通过换乘可以为旅客提供多样的出行选择方案，也使得更多 OD 间的客流出行成为可能。

3.3.5 停站方案与客流换乘相互作用机理

高速铁路客流的产生、变化和分布等都不是一个单向的过程，而是一种与列车停站设置相互反馈相互作用的动态平衡机制。换乘客流的产生与高速铁路列车停站方案的设置相互影响和制约，存在一定的博弈关系。高速铁路列车停站方案的合理设置，不仅可以节省旅客旅行时间，也可减少一些不必要的换乘。同时，合理的停站设置，又能为旅客的换乘提供更大的方便。高速铁路列车停站方案的生成需以客流的换乘需求情况为根据，停站方案确定后客流量的大小和分布以及客流的换乘需求等都会随之发生改变，停站方案和客流换乘是一个相互影响相互制约的关系[53]。

1. 换乘客流对停站方案的制约

影响高速铁路列车停站方案设置的因素很多，其中客流量的大小和分布以及客流换乘的需求是最重要的因素。客流的大小和性质始终贯穿于停站方案编制的整个过程。在停站方案编制之前开行方案其他要素的确定过程中，列车运行区段的选择和确定取决于年均客流密度以及区段客流量的大小，列车开行种类的确定则取决于区间不同层次客流量的比例，列车种类不同，在运行过程中的停站数量和比例就不一。就高等消费层次的客流而言，更多的是追求列车的旅行速度，要求列车在运行过程中较少停站或无停站。由以上对我国高速铁路客流的特征分析可知，我国高速铁路客流在不同时段内波动性较大，且分布不均，在不同地区以及同一线路上的不同区段内，客流量的大小不一，要求列车的停站满足客流的此种特性需求，在不同运行区段内列车的停站分布需不同。

高速铁路沿线客流换乘需求的产生对列车停站的设置所产生的影响，主要体现在3个方面：

（1）影响列车停站次数。客流换乘需求的产生势必需要有一定的换乘站来满足旅客换乘的需求，从而增加了列车在换乘站的停站次数。

（2）影响车站服务频次。在某些换乘客流量较大的车站，需增加列车在站的停站次数，增加车站服务频次以满足大量客流换乘的需求。

（3）影响列车停站分布。由于客流分布不均，列车停站的设置需根据客流分布状况进行合理分配和设置，使其最大限度满足客流的需求。

如图 3-8 所示，换乘需求的产生增加了列车的停站次数和车站服务频次的需求，从而导致列车停站分布发生改变（"＋"表示增加）。

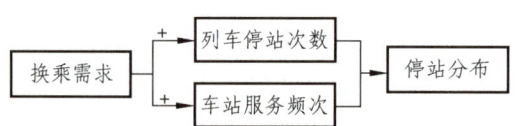

图 3-8　换乘需求的产生对停站方案的影响

2. 停站方案对换乘客流的吸引

高速铁路列车停站数量的多少决定了车站之间的通达程度，与旅客出行方便程度成正比，与出行时间成反比。从方便旅客出行角度考虑，列车停站越多越能满足换乘旅客的出行需求，因此，理论上应尽量增加列车的停站数量和比例。然而，列车停站过多，就会加大列车在站的停留时间，降低列车的平均旅行速度，延长旅客在车旅行时间，降低旅客的乘车舒适性，反过来又会影响换乘旅客的出行选择。停站方案确定以后区段上的客流将重新进行分配，根据列车开行和停站情况分配到不同列车上，使高速铁路 OD 客流流量大小、分布情况以及换乘需求等发生改变。

停站方案的设计会在一定程度上导致流失或者是诱增一部分客流。根据相关资料和研究表明,旅客的一次换乘会造成客流损失 30% 以上[52]。为了避免客流损失的发生或恶化，在安排和设置列车停站时，就要想旅客之所想，尽量多地满足换乘旅客的需求，设置合理的停站方案，提高高速铁路网的通达性及换乘可达强度，避免换乘客流的损失，甚至吸引更多的客流。

如图 3-9 所示为停站方案中列车停站次数的变化对旅客出行方便度和满意度的影响，进而影响旅客选择高速铁路列车出行欲望（"＋"表示增加，"－"表示减少）。

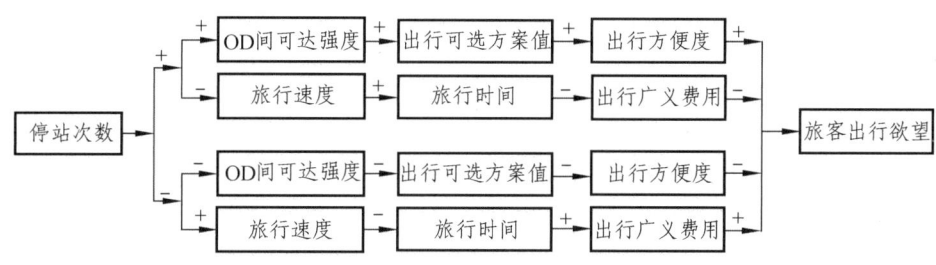

图 3-9 停站方案对客流出行的作用机理

3.4 高速铁路列车停站对通过能力的影响分析

3.4.1 高速铁路通过能力的概念

高速铁路通过能力是指采用一定数量和类型的动车组，按照一定的行车组织条件，在运营时间内高速铁路客运区段的各种固定设备，在单位时间内（通常指一昼夜或一小时）所能通过基准列车的最多对（列）数。按固定设备的不同，可分为区间通过能力和车站通过能力[54]。

高速铁路同既有铁路的运输组织方式不同，在通过能力的计算上也有其自身的特点：

（1）我国高速铁路开行的列车均为在客运站间发到的列车，将高速铁路列车主要始发站与终到站之间的铁路区段定义为高速铁路客运区段，高速铁路通过能力均以客运区段为单位进行计算。

（2）既有线上列车扣除系数是指，在运行图上因铺画一对或一列旅客列车、摘挂列车或快运货物列车，需从平行运行图上扣除的货物列车对数或列数，是以货物列车为基准的[55]。而高速铁路上通过能力的计算则以开行速度最高且沿途没有停站的列车为基准，较低等级的列车要对高等级列车进行扣除。

（3）在高速铁路的列车运行图中，一般都为设备的日常检测维护预留出一定的综合维修"天窗"时间，使高速铁路的固定设备经常处于良好的工作状态，确保列车运行安全。综合维修"天窗"不仅缩短了列车运行图上可供列车开行的时间段，而且天窗前后产生的"三角区"也对通过能力造成了相当大的影响。

（4）既有线为了得到较大的非平行运行图通过能力，往往组织旅客列车越行货物列车，牺牲货物列车的旅行速度。但是在高速铁路上，不能过多地组织高等级列车越行低等级列车，而必须维持低等级列车的旅行速度在一个合理的范围。

（5）高速铁路停站列车在站停留时间一般取 1~5 min，起车附加时间一般不大于 2.5 min，停车附加时间一般不大于 1.5 min[56]，而高速铁路上追踪列车间隔时间一般不超过 5 min，停站列车在站停留时间和起停车附加时间对通过能力的影响较大。

（6）高速铁路对列车为旅客提供的服务质量要求较高，列车开行要在合理的始发终到时间范围。

3.4.2 高速铁路通过能力的影响因素

高速铁路通过能力主要受运输组织方式和区段内固定设备的影响。

1. 列车停站方案

高速铁路列车每一次停站将产生停站时间以及起停车附加时间，相对不停车的高速铁路列车，其额外占用的时间将对通过能力产生不利影响。

不同的列车停站方案对通过能力产生的影响不同，如图 3-10 所示，停站次数相同的高速铁路列车成组铺画时，方案（a）采取递远递停，即先行列车停靠远方站，后行列车由远及近依次停站的停站方式，后行列车能够有效利用前行列车停站产生的扣除时间，对通过能力造成的影响最小；方案（b）采取列车由近而远依次停站的停站方式，后行列车产生

第 3 章　高速铁路列车停站方案关键问题研究

的扣除时间叠加，对通过能力造成的影响最大。

因此，要合理安排列车停站，既要保证各站一定的服务水平，满足旅客乘降需求，又要尽量减少对通过能力造成的损失。

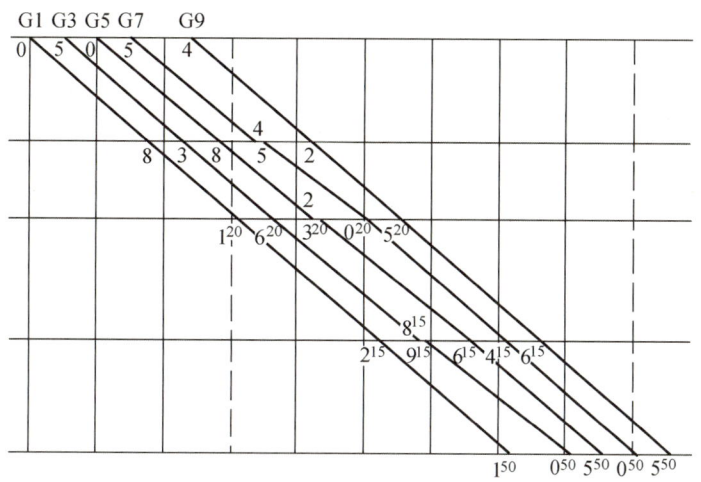

（a）递远递停

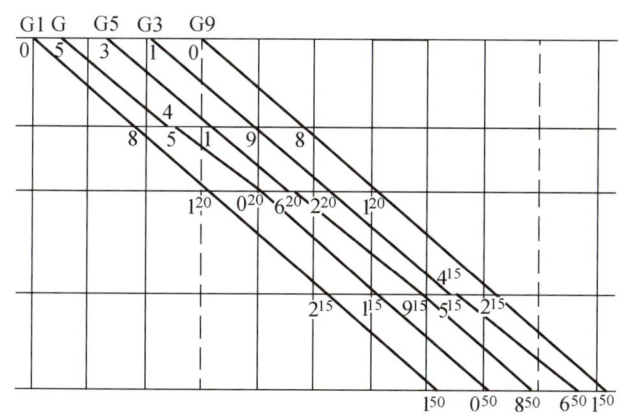

（b）递近递停

图 3-10　不同停站方案对通过能力的影响

2．综合维修"天窗"

为使高速铁路线路、供电、信号等技术设备经常处于质量良好的使用状态，确保列车运行安全，在列车运行图上一般预留 0:00—6:00 的时间段开设综合维修"天窗"，用于设备的日常维修和养护工作。"天窗"时间内禁止行车，因此它减少了列车运行图中可以铺画列车运行线的时间，对通过能力造成较大的影响[57]。

3. 列车开行时段

为方便旅客出行，高速铁路列车应具有较合理的始发终到时间范围，一般认为高速铁路列车的始发时刻应不早于 6：30，终到时刻应不晚于 23：30，这进一步减少了列车运行图中可供铺画列车运行线的时间。

4. 列车越行

组织不停站高速铁路列车对中速停站列车越行可充分利用列车运行图时间，提高通过能力[58]；另外，组织越行会增加停站列车额外停留时间，降低待避列车的旅行速度。因此，要进行列车旅行速度损失和通过能力增加的比选。

5. 不同速度等级列车之间的速差

不同速度等级的列车在同一运行区段的运行时分不同，速度差别越大，所产生的时分差越大，由于在运行时差内无法铺画列车运行线，造成高速铁路通过能力的浪费。因此，不同速度等级的列车速差越小，列车在同一运行区段内运行所产生的时分差越小，运行图特性越趋近于平行运行图特征，越有利于提高通过能力，反之，则对通过能力影响较大[59]。

6. 线路设备

线路设备对通过能力的影响主要体现在区间正线数目、区间长度、线路平纵断面、线路允许速度等方面[56]。在线路区间长度及动车组类型一定的情况下，线路平纵断面等技术标准会直接影响列车在区间的运行时分，列车在区间占用时间越短，越有利于提高通过能力。

7. 站场设备

站场设备主要包括车站到发线的数量和长度，车站道岔和咽喉区道岔的布置。站场设备对高速铁路通过能力的影响体现在车站接发旅客列车的能力及办理进出站限速上。不同的道岔其侧向允许速度不同，进而导致车站最小接发车间隔时间不同，在一定程度上影响了通过能力。

8. 信号、联锁、闭塞设备

不同的信号、联锁、闭塞设备对列车占用区间的时间和办理作业所需的时间影响较大,导致通过能力也受到信、联、闭设备的影响。

3.4.3 单列高速铁路列车停站时间损失

1. 高速铁路列车停站一次

1)无越行作业

高速铁路列车在区段内停站一次,对通过能力的影响如图 3-11 所示。相对于不停站的高速铁路列车,停站列车在运行图上额外占用时间

$$\Delta t = t_1 + t_2 + t_3 \tag{3-12}$$

式中　Δt——高速铁路列车停站一次额外占用时间;

　　　t_3、t_1——停站高速铁路列车起、停车附加时间;

　　　t_2——列车在站停留时间。

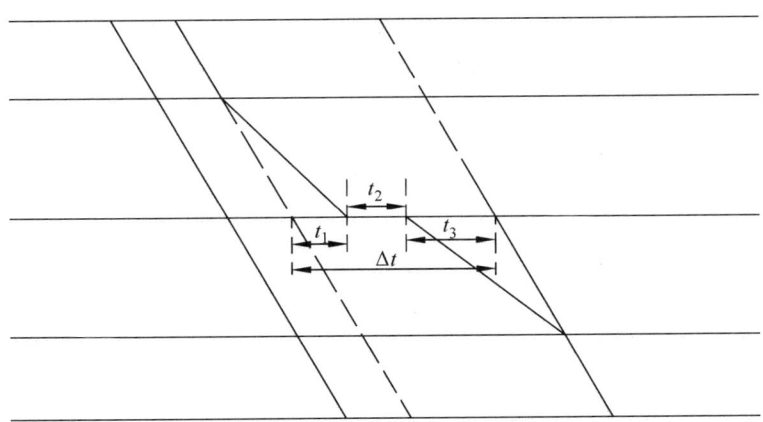

图 3-11　无越行高速铁路列车停站一次

2)有越行作业

高速不停站列车利用停站列车在站停留时间组织越行,如图 3-12 所示。待避列车和不停站高速铁路列车不同作业间隔时间应满足

$$t_{21} + t_1 \geqslant I_{通通}; \quad t_{22} + t_3 \geqslant I_{通通} \tag{3-13}$$

式中　t_{21}——同方向到通列车间隔时间;

t_{22}——同方向通发列车间隔时间；
$I_{通通}$——列车追踪运行的间隔时间。

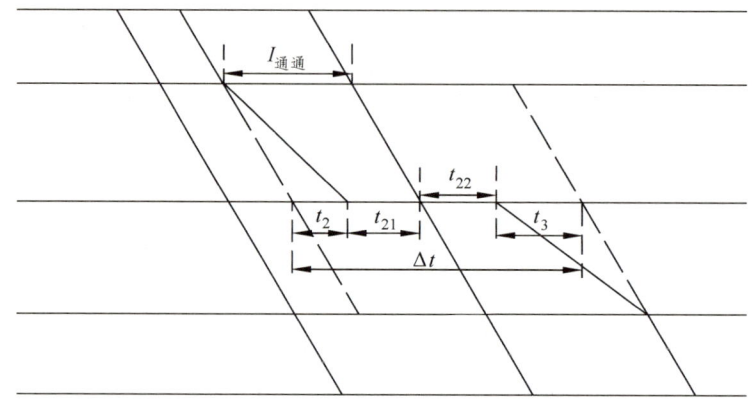

图 3-12　有越行高速铁路列车停站一次

由组织列车越行产生的时间损失

$$\Delta t' = t_1 + t_3 + t_{21} + t_{22} - I_{通通}$$

当 $t_2 > t_{21} + t_{22} - I_{通通}$ 时，组织高速铁路列车越行一列，可以减少停站列车时间损失，增加通过能力；另外，会增加停站列车额外停留时间，降低待避列车的旅行速度。因此，是否组织越行还应进行通过能力增加和列车旅速损失的比选。

当 $t_2 \leqslant t_{21} + t_{22} - I_{通通}$ 时，停站列车时间损失增加，浪费通过能力，不宜组织越行。

2. 高速铁路列车停站多次

1）无越行作业

高速铁路列车多次停站时，每一次停站在运行图上额外占用的时间互不影响，如图 3-13 所示。若列车在各车站起、停车附加时间和在站停留时间相同，在区段内停站 n 次，则列车停站产生的时间损失为：$n\Delta t$。

2）有越行作业

如图 3-14 所示，高速铁路列车在区段内停站 n 次，并利用停站时间组织越行 m 次，则列车停站产生的时间损失为

$$(n-m)\Delta t + m\Delta t'$$

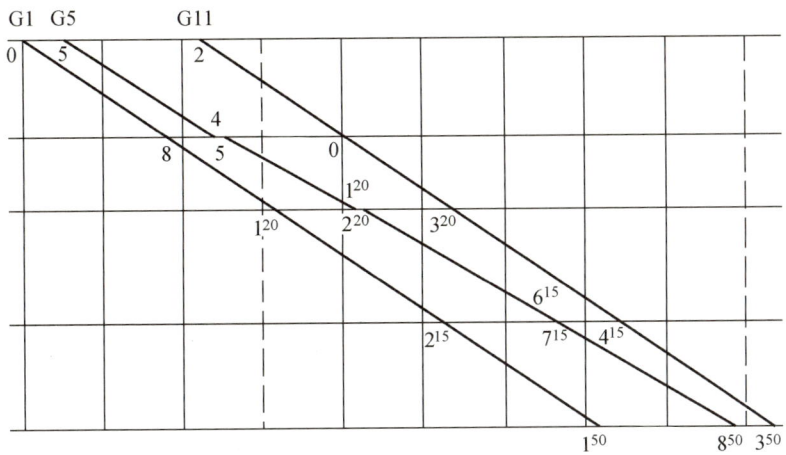

图 3-13　单列高速铁路列车多次停站、无越行

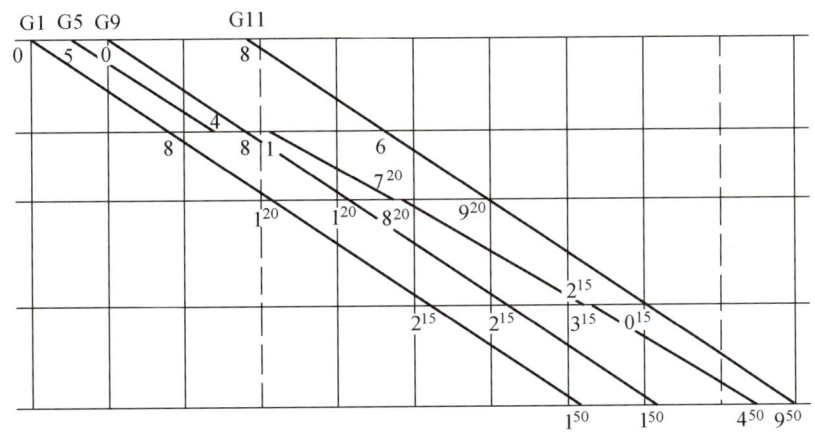

图 3-14　单列高速铁路列车多次停站、有越行

3.4.4　多列停站高速铁路列车时间损失

铺画列车运行图时，在给定的列车停站次数和停站时间条件下，不同的铺画方式得到不同的停站方案，对通过能力的影响也不相同。以下给出对多列停站高速铁路列车在不同情况下的时间损失计算方法。

1. 无越行作业并按递远递停

1）列车停站次数相同

如图 3-15 所示，每列车均停站 n 次，先行列车停远方站，后行列车在其后依次停站（若停站多次，依次错位停站），后行列车能够有效利用前行列车停站产生的扣除时间，在列车运行图上额外占用时间相当于单列车停站 n 次产生的时间损失：$n\Delta t$。

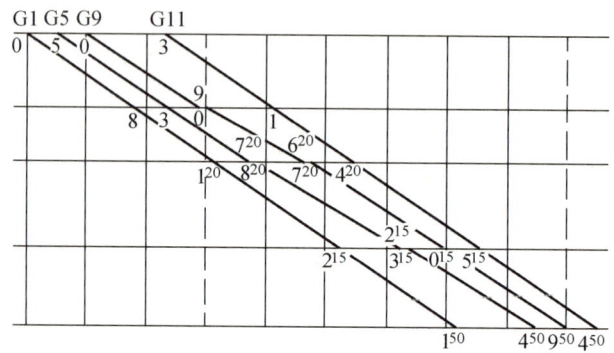

图 3-15　相同停站次数的列车递远递停

2）列车停站次数不同

在运行区段内，每列车的停站次数不同，停站比例最大的列车停站 n 次，时间损失为：$n\Delta t$。如图 3-16 所示，停站次数较少的列车既可排列在前也可排列在后，应结合运行图结构，充分利用上部发车时间或下部到达时间。方案（a）停站较少列车在前，列车出发时间密集；反之，方案（b）列车到达时间比较集中；但是停站较少列车和停站较多列车不宜交叉排列，会增加时间损失，如方案（c）所示。

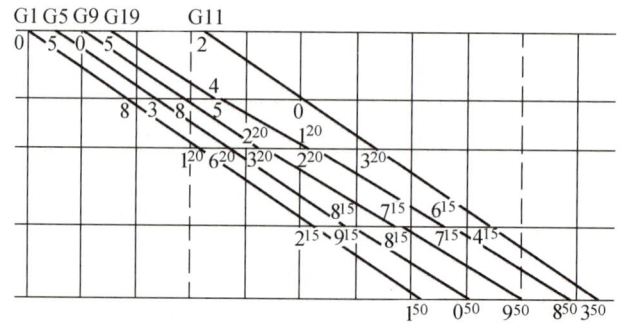

（a）停站次数较少列车在前

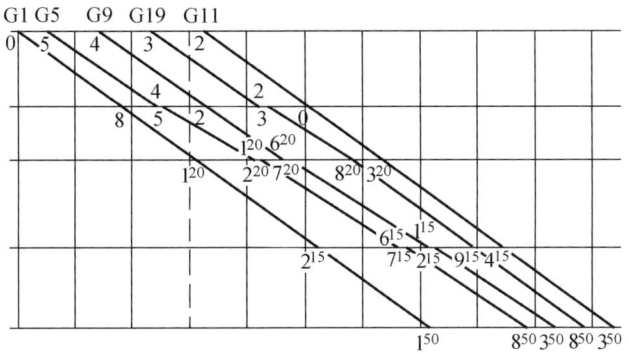

（b）停站次数较少列车在后

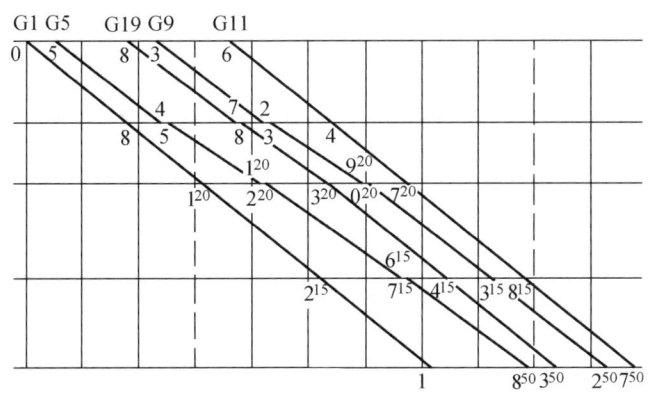

（c）停站次数不同的列车交叉排列

图 3-16 不同停站次数的列车递远递停

2．无越行作业且不按递远递停

1）后车在前车停车站的下一站停车一次

如图 3-17 所示，前行列车停站 n 次，后行列车在前车最远一停车站 C 站的下一站 D 站停车一次，追踪间隔时间满足：$I_{发通} = I_{通到} = I_{通通}$。

后车可以利用前车的起动附加时分，缩短追踪列车间隔时间，从而减少停站对通过能力的影响。

当 $t_3 \geqslant t_1$ 时，时间损失为：$n\Delta t + t_2 + t_3$；

当 $t_3 < t_1$ 时，时间损失为：$n\Delta t + t_1 + t_2$。

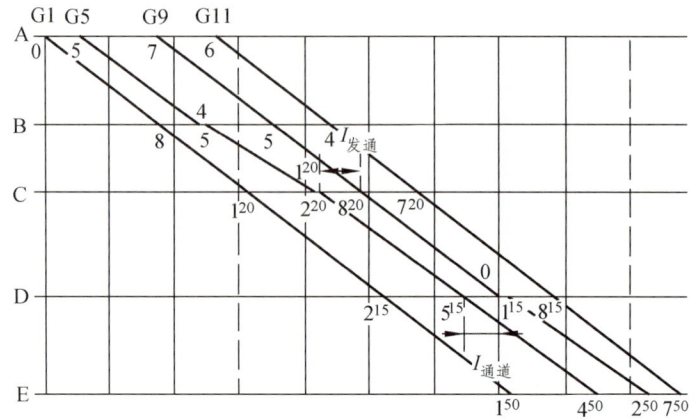

图 3-17 后行列车在前车停车站的下一站停车

2）后车在前车停车站之后隔一站以上停车一次

如图 3-18 所示，前行列车停站 n 次，后行列车在前车最远一停车站 B 站间隔一站以上，在 D 站停车一次，列车在 C 站按间隔 $I_{通通}$ 追踪运行，时间损失为：$n\Delta t + \Delta t$。

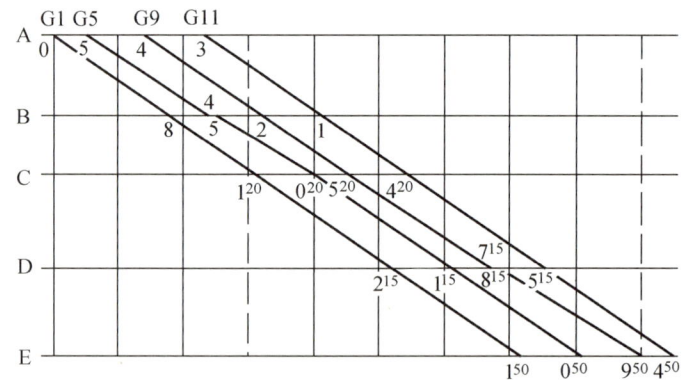

图 3-18 后行列车在前车停车站之后隔一站以上停车

3. 有越行作业并按递远递停

1）待避列车在前

如图 3-19 所示，待避列车在前，被越行一次，后行列车在待避列车的停车站或后方车站停车一次。由于组织列车越行，可利用在越行列车之后，待避列车上部运行区段的空闲时间组织后行列车停站。

- 56 -

当 $t_{22} \geqslant t_1 + t_2$ 时，时间损失为：$\Delta t'$；

当 $t_{22} < t_1 + t_2$ 时，时间损失为：$\Delta t' + (t_1 + t_2 - t_{22})$。

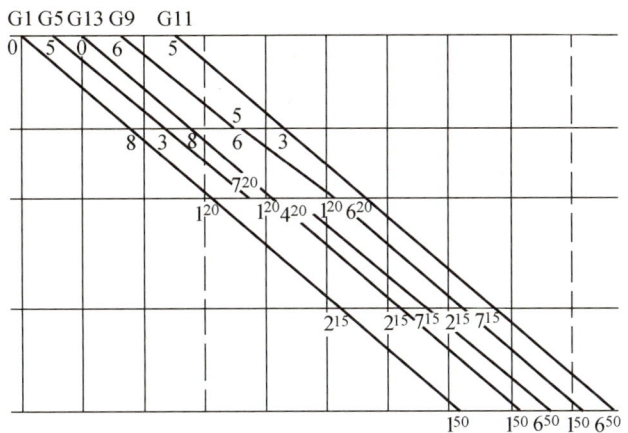

图 3-19 待避列车在前

2）待避列车在后

如图 3-20 所示，待避列车在后，被越行一次，前行列车在待避列车的停车站或前方车站停车一次。

当 $I_{通通} \geqslant \Delta t$ 时，时间损失为：$\Delta t'$；

当 $I_{通通} < \Delta t$ 时，时间损失为：$\Delta t' + (\Delta t - I_{通通})$。

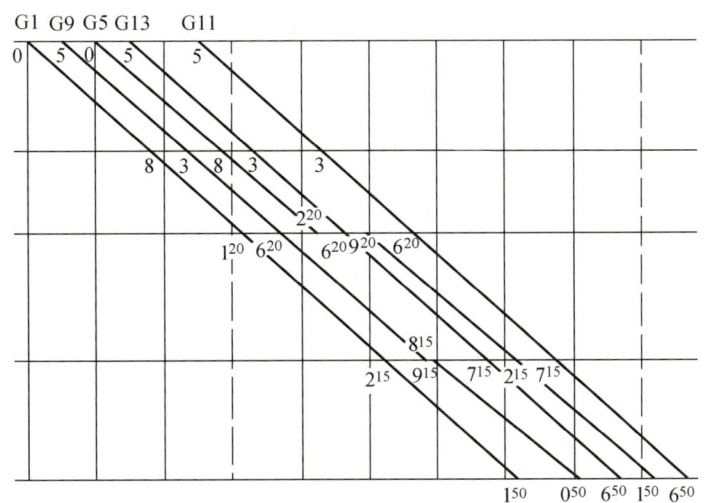

图 3-20 待避列车在后

4．有越行作业且不按递远递停

1）后车在前车停车站的下一站停车一次

如图 3-21 所示，待避列车在前，后行列车在被越行列车停车站的前一车站停车一次，如方案（a），或待避列车在后，前行列车在被越行列车停车站的后一车站停车，如方案（b）。

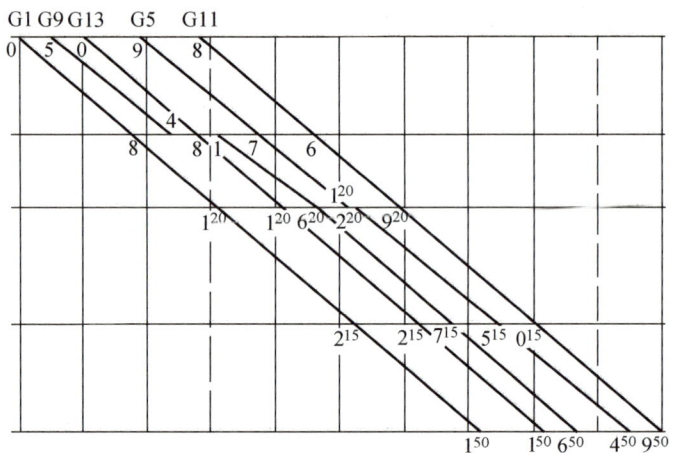

（a）待避列车在前

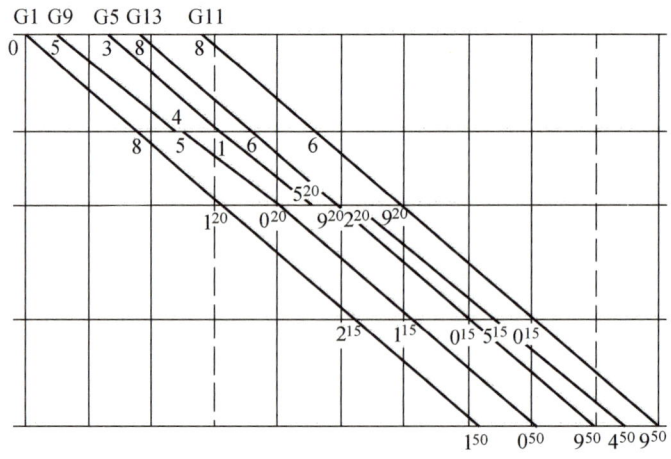

（b）待避列车在后

图 3-21　后车在前车停车站的下一站停车一次

当 $t_3 \geqslant t_1$ 时，时间损失为：$\Delta t' + t_2 + t_3$；

当 $t_3 < t_1$ 时，时间损失为：$\Delta t' + t_1 + t_2$。

2）待避列车与无待避列车间隔一站以上停站

如图 3-22 所示，待避列车与无待避列车间隔一站以上停站，停站列车时间损失与待避列车和越行列车的排列顺序无关，时间损失为：$\Delta t' + \Delta t$。

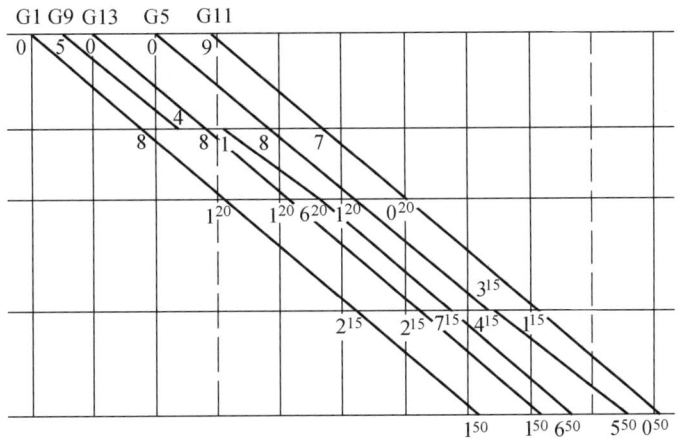

（a）待避列车在前

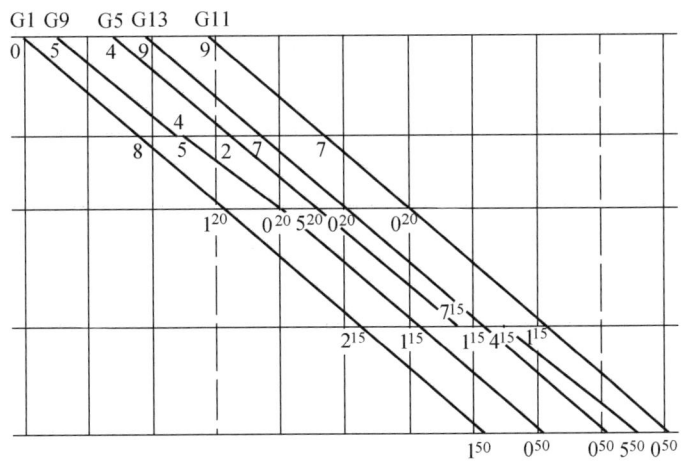

（b）待避列车在后

图 3-22 待避列车与无待避列车间隔一站以上停站

第4章 基于客流换乘的高速铁路列车停站方案优化方法

4.1 基于客流换乘的高速铁路列车停站优化关键问题

在充分了解高速铁路停站方案各影响因素、与既有线列车停站区别以及高速铁路客流特性、客流换乘行为等基础上，进一步对我国高速铁路列车停站方案的优化关键问题进行分析和研究。

4.1.1 客流站间可达性

1. 概念提出

可达性是指某 OD 间的客流可乘坐直达列车或通过换乘一次的方式到达目的地。通过直达或换乘的方式到达目的站，则称为该 OD 间客流可达。为了提高旅客出行的便捷性和方便度，降低疲劳程度，同时为避免频繁换乘带来的客流损失，约定旅客旅行全程中至多换乘一次，即换乘旅客只能通过一次换乘到达目的站。可达性是描述路网上 OD 间是否通达的一种状态，根据客流在途中换乘与否分为直达可达和换乘可达。如图 4-1 所示，AE 间的客流可通过乘坐列车 1 直接到达 E 站，为 AE 间的直达可达，也可以通过列车 2 在 C 站换乘列车 3 到达 E 站，为 AE 间的换乘可达。值得注意的是，直达可达仅指旅客乘坐同一列车可到达目的地，不代表所乘坐列车在途中不停站。

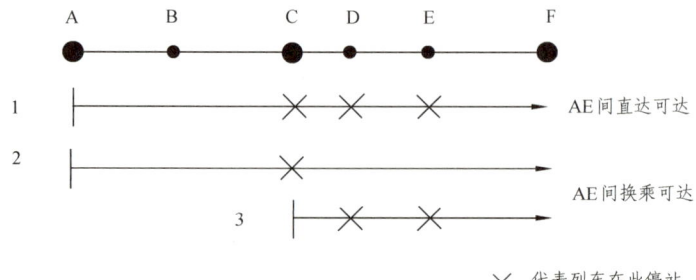

图 4-1 列车开行及站间可达情况

第4章 基于客流换乘的高速铁路列车停站方案优化方法

2. 可达性的数学表达

站间可达性用数学描述如下：

定义 0-1 变量 $t_{i,j}$，若 $t_{i,j}=1$，表示列车 i 在 j 站停靠，否则不停靠。根据图 4-1 所示，$i=\{1,2,3\}$，$j=\{A,B,C,D,E,F\}$。则 $t_{1,B}=0$ 表示列车 1 在 B 站不停靠，$t_{1,C}=1$ 表示列车 1 在 C 站停靠。

对于 AE 间的客流，若满足 $t_{1,A} \cdot t_{1,E}=1$，则表明 AE 间通过列车 1 直达可达；若满足 $t_{2,A} \cdot t_{2,C}(t_{3,C} \cdot t_{3,E})=1$，表示 AE 间通过列车 2 换乘列车 3 可达目的地 E 站。为了保证换乘可达方案中的列车不包括直达可达列车，需保证前后接续列车均不同时在始发站和终到站停车。即还需满足 $t_{2,E}=0$，$t_{3,A}=0$。从而 AE 间的换乘可达应表示为

$$t_{2,A} \cdot t_{2,C}(t_{3,C} \cdot t_{3,E}) \cdot (1-t_{2,E}) \cdot (1-t_{3,A}) = 1 \qquad (4\text{-}1)$$

4.1.2 客流可达强度

1. 概念提出

可达强度是指任意 OD 间客流经由所有直达或换乘方式（一次换乘）可到达目的地的方案值大小，一种选择即为一个方案值。同样，可达强度也可分为直达可达强度和换乘可达强度。直达可达强度指某 OD 间的旅客通过所有直达列车到达目的地的方案总数。换乘可达强度指某 OD 间的旅客通过途中换乘一次到达目的地的方案总数，其中旅客通过换乘所乘坐的前后接续列车均不包含此 OD 间的直达可达列车。如通过乘坐某列车可直接到达目的地，则旅客通过乘坐此列车在中途换乘其他列车到达目的地的情况就不属于换乘可达方案中的一种。假设图 4-1 中线路 AF 上只有两个列车运行区段，即区段 AF 和区段 CF。区段 AF 上开行两列列车，即列车 1 和列车 2，区段 CF 上开行一列列车，即列车 3。由于只有列车 1 同时可在 A 站和 E 站停靠，故图中所示的直达方案值为 1；除直达可达的列车 1 以外，旅客只能通过列车 2 到达换乘站 C，且只能换乘除直达列车 1 以外的列车 3 到达车站 E，故换乘可达方案值也为 1。

可达强度既体现了整个高速铁路线上各 OD 间的通达性，又体现了客流出行选择的多寡。可达强度越高，一定程度上表明路网通达性越好，客流出行可选方案越多。

2. 可达强度的一般数学表达

站间可达强度的数学描述如下：

如图 4-2 所示，定义某条线路上车站数量为 n，运行列车 m 列，且列车运行区段唯一，始发终到站均为车站 1 和车站 n。m 列车在途中的停站不确定。

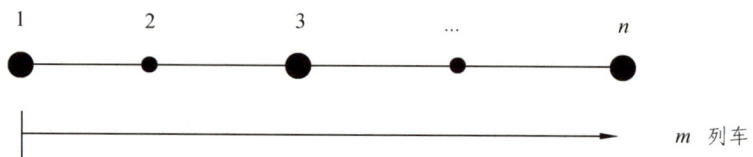

图 4-2 自构造高速铁路线路及列车

定义 0-1 变量 $t_{i,j}$，$t_{i,j}=1$ 表示列车 i 在车站 j 停靠，否则不停靠。

对于某 OD（始发、终到站为车站 n_1 和 n_2，$n_1,n_2 \in N$，且 $n_1 < n_2$）间的直达可达强度则可表示为

$$\sum_{i=1}^{m} t_{i,n_1} \cdot t_{i,n_2} \tag{4-2}$$

此 OD 间换乘可达强度表示为

$$\sum_{i=1}^{m} t_{i,n_1} \cdot t_{i,n_2} + \sum_{i=1}^{m} \sum_{n_k=n_1+1}^{n_2-1} t_{i,n_1} \cdot t_{i,n_k} \cdot (1-t_{i,n_2}) \cdot \left[\sum_{i' \in \{T/i\}} t_{i',n_k} \cdot t_{i',n_2} \cdot (1-t_{i',n_1}) \right] \tag{4-3}$$

式中，n_k 为中间站，且 $n_1 < n_k < n_2$，$i' \in T$。

则此 OD 间总可达强度表示为

$$\sum_{i=1}^{m} t_{i,n_1} \cdot t_{i,n_2} + \sum_{i=1}^{m} \sum_{n_k=n_1+1}^{n_2-1} t_{i,n_1} \cdot t_{i,n_k} \cdot (1-t_{i,n_2}) \cdot \left[\sum_{i' \in \{T/i\}} t_{i',n_k} \cdot t_{i',n_2} \cdot (1-t_{i',n_1}) \right] \tag{4-4}$$

图 4-2 中线路上总的 OD 可达强度表示为

$$\sum_{p=1}^{n-1} \sum_{q=p+1}^{n} \sum_{i=1}^{m} t_{i,p} \cdot t_{i,q} + \sum_{p=1}^{n-2} \sum_{q=p+2}^{n} \sum_{n_k=p+1}^{q-1} \sum_{i=1}^{m} t_{i,p} \cdot t_{i,n_k} \cdot (1-t_{i,q}) \cdot \left[\sum_{i' \in \{T/i\}} t_{i',n_k} \cdot t_{i',q} \cdot (1-t_{i',p}) \right] \tag{4-5}$$

第4章 基于客流换乘的高速铁路列车停站方案优化方法

在式（4-2）~式（4-5）中，$T=\{1,2,\cdots,m\}$ 为列车集合，$i,i' \in T$；$S=\{1,2,\cdots,n\}$ 为车站集合，$n_1, n_2, n_k, p, q \in S$。

3. 换乘可达强度的优化

一条线路上部分 OD 之间，由于某些中间站不满足旅客换乘的技术条件或由于其他技术原因等，即便 OD 客流出行途经的车站上满足接续列车同时停靠的条件，但客流依旧无法通过换乘到达目的地，这部分 OD 客流只能通过直达方式出行。为了减少列车在此类 OD 间的中间站上不必要的停站造成运输企业成本的增加和旅客旅行时间的延长，需对此类 OD 间换乘可达强度进行一定的约束和限制。

在以上对换乘可达强度的数学定量描述中，假定了线路上任意中间站均可作为换乘站。根据 4.1 节所分析的换乘节点需满足的技术条件，需对部分不满足换乘条件的换乘可达方案进行筛除，对上述换乘可达强度进行优化和完善。

同样，如图 4-2 中，假设线路上满足换乘节点技术条件的中间站（n_1、n_2 除外）集合为 $S_{换}$，$S_{换} \subset S$，假定图示方案中只有通过在车站 3 进行换乘的方案才能作为换乘可达可选方案，即 $S_{换} = \{3\}$。则优化后的换乘可达强度数学表述应为

$$\sum_{i=1}^{m} \sum_{n_1 < n_k < n_2, n_k \in S_{换}} t_{i,n_1} \cdot t_{i,n_k} \cdot (1 - t_{i,n_2}) \cdot \left[\sum_{i' \in \{T/i\}} t_{i',n_k} \cdot t_{i',n_2} \cdot (1 - t_{i',n_1}) \right] \quad (4\text{-}6)$$

优化后线路上总的 OD 可达强度表述为

$$\sum_{p=1}^{n-1} \sum_{q=p+1}^{n} \sum_{i=1}^{m} t_{i,p} \cdot t_{i,q} + \sum_{p=1}^{n-2} \sum_{q=p+2}^{n} \sum_{p<n_k<q, n_k \in S_{换}} \sum_{i=1}^{m} t_{i,p} \cdot t_{i,n_k} \cdot (1 - t_{i,q}) \cdot \left[\sum_{i' \in \{T/i\}} t_{i',n_k} \cdot t_{i',q} \cdot (1 - t_{i',p}) \right] \quad (4\text{-}7)$$

4.1.3 不同情况下的换乘可达性描述

1. 本线客流换乘可达

为保证高速本线上所有旅客能够到达出行目的地的需求，对高速本线上任意 OD 间客流的可达性进行分析，了解客流需求，提高旅客出行的方便度。

在一条高速铁路线上，换乘客流多产生在本线上的地方节点和一般

节点之间。本线直达列车一般是在线路两端站以及途中重要大站之间开行，而线路上某些小站之间的客流往往无法乘坐直达列车到达目的地，就需要在两站之间的大站（或具备换乘技术条件的节点）上进行换乘。

以图 4-3 为例进行说明，图中高速铁路线上包含有 A、C、F 3 个大站及 B、D、E 3 个小站，其中只有中间站 C 满足换乘条件。开行四列车，其中列车 1 为一站直达列车，列车 2 为大站停列车、列车 3 和列车 4 为择站停列车。由图中列车停站方案可知，车站 B 和车站 E 之间的客流无法通过直达（不经过换乘即可到达）方式到达目的地，即没有同一列车同时在这两个站停靠，故需要采取换乘方式到达。只要车站 C 满足客流换乘条件，并有接续列车都在该站停车，此 OD 间的客流即可通过在 C 站换乘列车到达目的地。如，车站 B 上的客流可通过列车 3 到达车站 C，再换乘列车 4 到达目的车站 E。

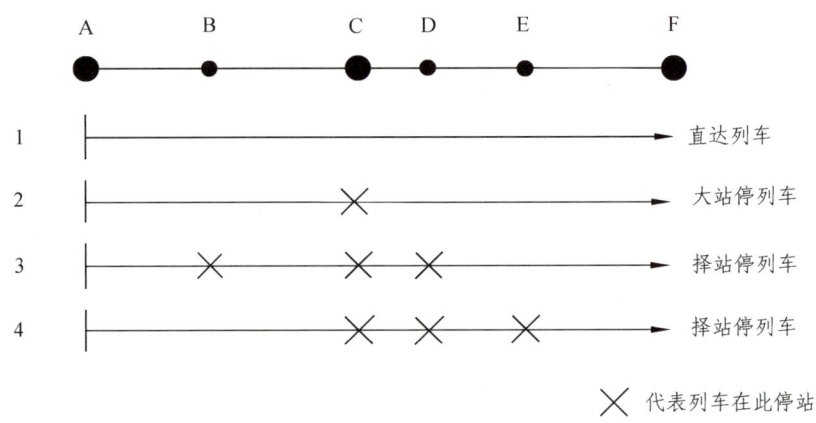

图 4-3 自构造高速铁路线路及本线列车开行情况

2. 跨线客流换乘可达

高速铁路上的跨线客流也是通过直达和换乘两种方式输送，分为直达跨线客流和换乘跨线客流。直达跨线客流是通过乘坐跨线直达列车到达目的地，换乘跨线客流常在不同线路间的衔接站上进行换乘输送，也有少部分客流在非衔接站换乘。从前文分析中可知，换乘跨线客流对换乘节点的选取一般在线路衔接站上，故下面仅讨论客流在衔接站上进行换乘的情况。客流跨线换乘一般包含在同等级高速铁路线之间的换乘和不同等级高速铁路线之间的换乘。由于我国高速铁路网络复杂，部分跨线

第4章 基于客流换乘的高速铁路列车停站方案优化方法

列车跨越多条高速铁路线运行,为方便问题的描述,仅考虑跨线客流在两条高速铁路线之间的跨线运行,不考虑客流跨3条线及以上的情况。

1) 同等级高速铁路线之间的换乘

跨同等级高速铁路线的部分OD客流通过跨线直达列车输送,而剩余部分OD之间的跨线客流则只能通过换乘的方式输送。在同等级高速铁路线间,跨线列车和本线列车的运行径路以及需要跨线换乘的客流运行径路情况,主要有图4-4中(a)和(b)两种情况,根据前文的分析可知,客流换乘一般发生在两线交集路段中的车站上,即图中所标记的节点处。

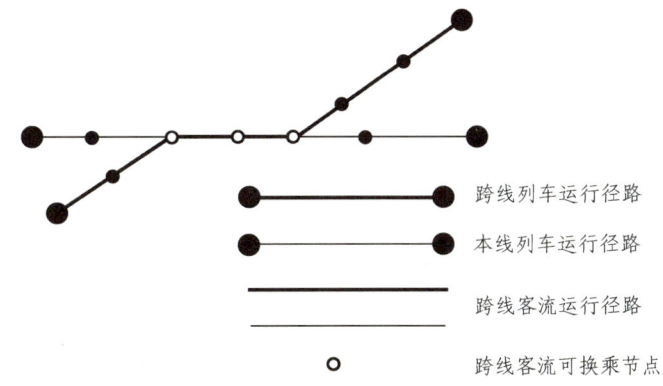

(a) 两线有共同运行径路

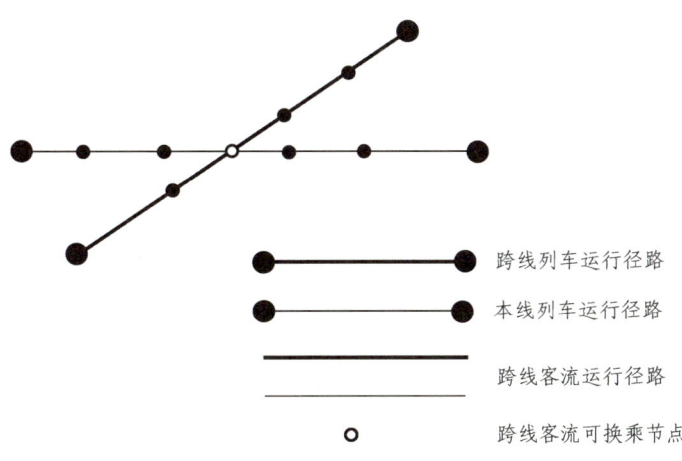

(b) 两线无共同运行径路

图4-4 同等级高速铁路线之间的跨线换乘

客流在同等级高速铁路线之间进行换乘，当跨线列车与本线列车有相同的运行径路时，一般换乘点发生在径路相重叠的车站上；若跨线列车与本线列车无相同运行径路，则换乘点产生在两条线路相衔接的衔接站上。

2）不同等级高速铁路线之间的换乘

不同等级高速铁路线之间跨线客流的换乘问题，与同等级高速铁路线之间的跨线情况相似，唯一区别在于，图 4-5（a）中跨线列车运行径路与本线有重叠时，跨线列车仅为 A 类高速铁路列车，即此时不存在 B 类高速铁路列车跨高速线运行的情况。为适应未来"全高速"的运输组织模式，同时为了保证高速线上列车的旅行速度以及线路的通过能力不受影响，约定 B 类高速铁路列车不跨线在高速线上运行。

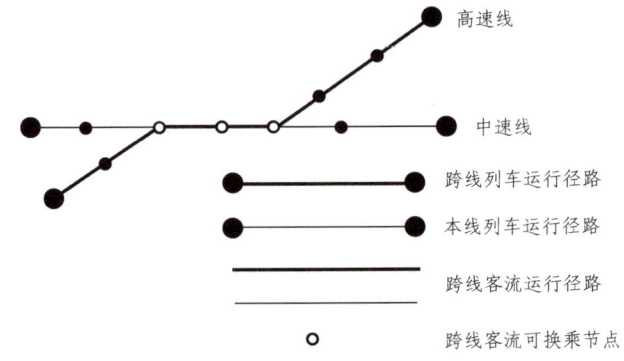

（a）两线有共同运行径路

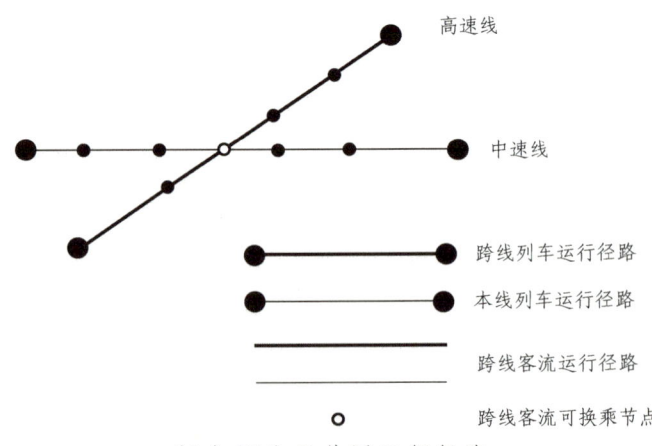

（b）两线无共同运行径路

图 4-5 不同等级高速铁路线之间的跨线换乘

第4章 基于客流换乘的高速铁路列车停站方案优化方法

同样，客流在不同等级高速铁路线之间进行换乘时，当跨线列车与本线列车有相同的运行径路时，一般换乘点发生在径路相重叠的车站上；若跨线列车与本线列车无相同运行径路，则换乘点产生在两条线路相衔接的衔接站上。

列车在不同速度等级的线路之间跨线运行时，对换乘车站的各项设施设备要求较高，换乘站需满足不同种类列车的运行需求，运输组织上也更加复杂。

4.1.4 基于客流换乘的停站方案优化设计原则

据上面分析可知，客流量的大小和换乘需求与列车停站方案的设置之间存在一定的博弈关系。客流量的大小和换乘需求是影响列车停站设置的一个重要因素，同时，在列车停站方案确定以后，不同的停站导致流失或诱增部分客流，会再次影响到停站本身。停站方案在编制过程中，要充分考虑到客流的换乘需求，同时也要兼顾社会和经济效益，做到：

（1）以人为本。为旅客出行提供较多的出行选择方案，给旅客特别是换乘旅客的出行提供一定的方便性；提高高速铁路运输服务质量，提高旅客出行的舒适性；减少客流的换乘等待时间以及旅客出行费用等。

（2）以经济效益为中心。创造较高的经济效益、社会效益和市场效益，获得较好的运营收入和旅客满意度，最小化运输成本投入。

（3）有效利用高速铁路线路的运输能力，使高速铁路线上各区段负担较为均衡，保证运输效率。

为确保客流换乘的具体实施可行，运输企业需要从以下几个方面来保证换乘系统各功能的良好实现[47]。

（1）换乘的连续性。高速铁路客流在不同高速铁路线路间以及不同列车之间的换乘应是一个连续的过程。换乘节点车站应为旅客换乘提供较多的换乘可选接续列车，方便客流的换乘，保证旅客出行的延续性，减少延误，提高换乘旅客的效率和服务质量。

（2）换乘过程的舒适和安全。换乘旅客的出行相对于直达旅客而言，要产生较多的时间、体力和精力消耗，因此，保证换乘过程的舒适、确保换乘的安全显得异常重要。如果列车上过度拥挤会给旅客带来旅行的疲劳，产生较大的心理压力，情绪烦闷，进而影响到乘客对换乘行为的选择，造成换乘客流的大量流失。

（3）运输能力的匹配和适应。高速铁路运输能力应与换乘站的乘降设备、站厅设施、换乘走行通道等相互匹配和适应。

（4）客流流动的通畅性。保证换乘客流均衡分布在换乘过程中的各个环节，避免某环节上发生客流集聚、滞留现象，保证旅客换乘的紧凑和顺畅进行。

4.2 基于客流换乘的高速铁路列车停站方案优化模型

4.1节从可达性强度的角度来体现客流的出行方便程度，而旅客出行方便度是如何在停站方案的设计过程中加以呈现和量化是需要研究的问题。

4.2.1 优化目标的分析和确定

基于客流换乘的高速铁路列车停站方案的确定，一方面要考虑铁路运输企业的运营效益，遵循运营效益最大化的原则；另一方面还要考虑换乘旅客出行的广义费用和方便度，确保出行的便捷、安全和舒适。从运输企业和旅客角度两个方面来讨论基于客流换乘的高速铁路列车停站方案的优化。

1. 运输企业角度

高速铁路运输企业的运营效益包括经济、社会和市场效益。经济效益主要指运营收入减去运营成本后所剩得的收益；社会效益主要指高速铁路列车的开行给各地区带来的人员流通，给经济的发展和繁荣带来的促进作用以及给人们的经贸来往、求学、求医、旅游等带来的便利；市场效益主要指高速铁路列车的开行使铁路运输在客运市场上的占有率得以保持或提高。经过较长时间的沉淀和市场培育，社会效益、市场效益会逐渐以经济效益的形式体现。

为保证运输企业的效益，分别从运营收入和运营成本两方面构成的经济效益加以考虑。

铁路运输运营收入主要指客票的收入，取决于高速铁路线各区间上的客流量以及人公里票价率。在考虑停站方案的设置时，假定客流的大小和性质不随列车停站发生改变以及不考虑票价率"递远递减"的波动性，故在区段客流量一定以及票价率一定时，停站设置的变化不会引起

第4章 基于客流换乘的高速铁路列车停站方案优化方法

客票收入发生较大的变动。

运营成本既包括铁路线路、运输车辆等固定资产折旧，固定人员工资发放等在内的不随列车停站设置的改变而发生变化的固定成本，同时也包括列车停站费用、运行费用等在内的变动成本。列车运行费用是指列车在运行过程中的成本耗费，与列车等级及运行线路有关。在列车运行区段、列车开行种类和运行数量确定时，列车运行费用也处于一个较为固定的水平。列车停站费用是指因列车起停所导致的额外能耗以及线路、车站等额外费用的增加，与列车停站次数的多少以及不同种类列车停站一次的费用值有关。

因此，运输企业效益主要取决于各列车的停站次数和停站一次所需的费用。

2. 旅客角度

在不考虑列车票价率"递远递减"原则的前提下，旅客出行的始发地和终到站确定时，可认为旅客通过直达模式和换乘模式到达目的地所需的票价支出是一定的。从旅客对换乘满意度的影响因素分析可以看出旅客对于出行要求体现在旅客旅行时间以及出行方便程度上。对旅客而言，旅客旅行时间越短，出行的舒适性越高；可供旅客出行选择的乘车方案值越大，可供旅客选择的机会越多，旅客可以在较大的选择范围内选择合适的时间出行，出行也就越方便。

旅客的旅行时间包括购票时间、候车等待时间以及在车时间。购票时间与车站的购票系统和售票服务等有关，如今我国实行电话订票、网络购票、异地购票以及自助取票等服务后，大大提高了购票速度，节省了旅客的购票时间，此时间消耗较小，一般可忽略。候车等待时间主要取决于列车开行频次，一般旅客都会提前了解列车发车时刻，确定好发车时间后根据自身情况到站候车，不会有较长时间的等待，因此候车时间可看作常值[60]。旅客在车时间主要由列车的运行速度、列车停站次数和列车在站停留时间来决定。在列车种类和开行对数确定后，即列车技术速度和列车开行频次确定后，列车停站次数是影响旅客旅行时间消耗的主要因素[61]。列车在站停留时间与停靠车站的等级有关，等级越高的车站，客流量越多，停站时间越长。

因此，无论是从运输企业的角度还是旅客角度，都需要尽可能地减少列车的停站次数。停站次数的减少，不仅能节约运输成本，缩短车底周转,提高运营效率,更能提高旅客的旅行速度,减少出行时间消耗。

通过以上对高速铁路列车停站方案优化目标的分析,结合换乘客流出行特征,从铁路企业的经济效益以及旅客出行的方便程度出发,以列车停站费用最省以及旅客出行方便度最大为目标建立停站方案的多目标优化模型。

4.2.2 相关条件假设

为简化停站方案模型的复杂度以便较好地得出可行最优解,同时也为了使模型的准确性得到一定的保证,需有一定的基础条件和假设:

(1)我国高速铁路运行区段上列车一般是双线行驶,上、下行车流彼此互不干扰,且同区段相对方向列车开行数量基本一致。只针对某一固定方向优化列车的停站方案。

(2)在开行方案其他条件均已知的条件下来考虑列车的停站方案优化问题,故高速线上所有 OD 间客流、列车开行区段、动车组类型和开行数量、编组内容等均已知。

(3)仅考虑未来我国"全高速"运输组织模式下的列车停站问题,不考虑现实中存在的既有线列车及其跨线等。

(4)假定车站和线路的通过能力对列车开行没有制约,即假定车站的通过能力、设施设备能力、车站内其他因素以及高速铁路线路对于列车停站方案的设计没有影响。

(5)假定高速铁路线上各站间 OD 客流的大小和性质在制订停站方案过程中不会随列车停站方案的不同而改变,即停站方案的变化不会造成客流量的波动。同时不考虑客流因换乘而导致的客流流失,即换乘客流流失率为 0。

(6)假定同一种类列车每公里票价率固定,不考虑票价率"递远递减"的原则,即对同一 OD 间的客流,旅客通过直达方式出行和通过换乘方式出行的票价是一致的。

4.2.3 优化模型的建立

1. 模型参数设定及说明

建立线路车站集合 $G = \{S, T\}$,其中,$S = \{s_j \mid j = 1, 2, \cdots, n\}$ 为线路中的车站集,$s_1, s_2, \cdots, s_n$ 分别表示从线路起点到终点列车依次经过的车站序

第4章 基于客流换乘的高速铁路列车停站方案优化方法

列，n 表示线路上的车站数量。$S_{换} \subset S$ 表示线路中满足换乘节点技术条件可作为换乘站的中间站集合。

$T = \{t_i \mid i = 1, 2, \cdots, m_1, m_1+1, \cdots, m\}$ 为线路中的列车集。$i = 1, 2, \cdots, m_1, m_1+1, \cdots, m$ 表示列车的开行序列。m 表示线路上的列车总数。由于只考虑两种列车，用 $l \in \{1, 2\}$ 分别表示 A 类高速铁路列车和 B 类高速铁路列车，T_l 表示不同种类列车集合，$T_1 = \{1, 2, \cdots, m_1\}$ 为 A 类高速铁路列车的集合，$T_2 = \{m_1+1, m_1+2, \cdots, m\}$ 为 B 类高速铁路列车的集合，则有 $T_1 \cap T_2 = \varnothing$，$T_1 \cup T_2 = T$。

线路上列车运行区段集合为 $E = \{1, 2, \cdots, R\}$，R 为列车运行区段的个数。区段 $r \in E$ 上所包含的车站集为 $S_r = \{s^o_{m_r}, s^o_{m_r}+1, \vdots, s^d_{m_r}-1, s^d_{m_r}\}$，$S_r \in S$。由于线路上列车有不同的运行区段，为了方便描述，先假定所有列车均从线路起点站 s_1 出发，到达线路终点站 s_n。为方便起见，列车运行区段的描述将在模型约束中呈现。区段 r 上运行的不同种类列车的数量分别为 m^l_r，$l = 1$ 和 2，分别代表 A 类高速铁路列车和 B 类高速铁路列车，则区段 r 上 A 类高速铁路列车数量为 m^1_r，B 类高速铁路列车数量为 m^2_r，列车总数 m_r 满足 $m_r = m^1_r + m^2_r$，有 $\sum_{r=1}^{R} m_r = m$。

x_{ij} 表示列车 i 在 j 站是否停车，为 0-1 变量。

2．优化目标

1）列车停站费用最省

根据以上分析可知，从运输企业角度来看，运输成本的耗费主要取决于列车停站次数。由于不同等级列车停站费用耗费不同，假设高速铁路线上不同种类列车停站一次的费用耗费为 c_l 元/次，$l \in \{1, 2\}$，则线路上列车总的停站费用可表示为

$$Z_1 = \sum_{i=1}^{m_1} \sum_{j=1}^{n} c_1 \cdot x_{ij} + \sum_{i=m_1+1}^{m} \sum_{j=1}^{n} c_2 \cdot x_{ij} \qquad (4\text{-}8)$$

式中　Z_1——列车总停站费用，元；

　　　c_1——A 类高速铁路列车停站一次的费用，元/次；

　　　c_2——B 类高速铁路列车停站一次的费用，元/次。

2）旅客出行方便度最大

OD可达强度可以表明OD之间的通达程度，但是不能准确地表达出OD之间客流对可达强度的需求程度，故引入客流强度系数矩阵，并以客流强度系数与可达强度的乘积来体现列车为OD间客流出行提供的方便度大小。

OD间可达强度用可达方案值Q来描述。

$$Q^Z = \sum_{p=1}^{n-1} \sum_{q=p+1}^{n} Q_{pq}^Z = \sum_{p=1}^{n-1} \sum_{q=p+1}^{n} \sum_{i=1}^{m} (x_{ip} \cdot x_{iq}) \quad (4\text{-}9)$$

$$Q^H = \sum_{p=1}^{n-1} \sum_{q=p+2}^{n} Q_{pq}^H$$

$$= \sum_{p=1}^{n-2} \sum_{q=p+2}^{n} \left[\sum_{p<k<q, k \in S_{换}} \sum_{i=1}^{m} \sum_{i' \in \{T/i\}} (x_{ip} \cdot x_{ik} \cdot (1-x_{iq})) \cdot x_{i'k} \cdot x_{i'q} \cdot (1-x_{i'p}) \right] \quad (4\text{-}10)$$

$$Q = Q^Z + Q^H = \sum_{p=1}^{n-1} \sum_{q=p+1}^{n} \sum_{i=1}^{m} (x_{ip} \cdot x_{iq})$$

$$+ \sum_{p=1}^{n-2} \sum_{q=p+2}^{n} \left[\sum_{p<k<q, k \in S_{换}} \sum_{i=1}^{m} \sum_{i' \in \{T/i\}} (x_{ip} \cdot x_{ik} \cdot (1-x_{iq})) \cdot x_{i'k} \cdot x_{i'q} \cdot (1-x_{i'p}) \right] \quad (4\text{-}11)$$

式中　Q——高速铁路线上所有车站之间的可达方案总值（可达强度）；

　　　Q^Z——高速铁路线上所有车站之间的直达可达方案总值（直达可达强度）；

　　　Q^H——高速铁路线上所有车站之间的换乘可达方案总值（换乘可达强度）；

　　　Q_{pq}——车站p和车站q之间的可达方案值（可达强度）；

　　　Q_{pq}^Z——车站p和车站q之间的直达可达方案值（直达可达强度）；

　　　Q_{pq}^H——车站p和车站q之间的换乘可达方案值（换乘可达强度）。

由于高速铁路线上车站数量为n，建立OD客流矩阵N，则有

$$N = \begin{pmatrix} - & n_{12} & n_{13} & \cdots & n_{1n} \\ & - & n_{23} & \cdots & n_{2n} \\ & & - & \cdots & n_{3n} \\ & & & \cdots & \cdots \\ & & & & - \end{pmatrix} \quad (4\text{-}12)$$

第4章 基于客流换乘的高速铁路列车停站方案优化方法

n_{pq} 为车站 p 和车站 q 之间的客流量大小。当 $p=q$ 时，n_{pq} 不存在，$n_{pq}=0$。

根据客流矩阵，可以得到客流强度系数矩阵 λ。

$$\lambda = \frac{N}{\sum_{p=1}^{n-1}\sum_{q=p+1}^{n} n_{pq}} = \begin{pmatrix} - & \lambda_{12} & \lambda_{13} & \cdots & \lambda_{1n} \\ & - & \lambda_{23} & \cdots & \lambda_{2n} \\ & & - & \cdots & \lambda_{3n} \\ & & & \cdots & \cdots \\ & & & & - \end{pmatrix} \quad (4\text{-}13)$$

λ_{pq} 为车站 p、q 之间的客流强度系数，有

$$\sum_{p=1}^{n-1}\sum_{q=p+1}^{n} \lambda_{pq} = 1$$

则线路上旅客出行方便度表示为

$$Z_2 = \lambda \cdot Q = \sum_{p=1}^{n-1}\sum_{q=p+1}^{n}\sum_{i=1}^{m}(x_{ip} \cdot x_{iq}) \cdot \lambda_{pq} + \\ \sum_{p=1}^{n-2}\sum_{q=p+2}^{n}\left[\sum_{p<k<q, k\in S_{换}}\sum_{i=1}^{m}\sum_{i'\in\{T/i\}}(x_{ip} \cdot x_{ik} \cdot (1-x_{iq})) \cdot x_{i'k} \cdot x_{i'q} \cdot (1-x_{i'p})\right] \cdot \lambda_{pq} \\ (4\text{-}14)$$

式中　Z_2——线路上旅客出行方便度计算值。

3. 约束条件

1)"0-1"约束

对于列车 i 在车站 j 只有停与不停两种状态，用 0-1 变量 x_{ij} 来描述。$x_{ij}=1$，表示列车 i 在 j 站停靠；$x_{ij}=0$，表示列车 i 在 j 站不停靠。

$$x_{ij} = \{0,1\} \quad (4\text{-}15)$$

2) 单列车停站次数约束[62]

在高速铁路线上，列车的开行既要有一定的停站数量保证各 OD 间的通达性，满足旅客对列车停站的需求，方便旅客的出行和换乘，又要避免过多停站带来旅行时间的过度延长和停站费用的损耗，往往对列车的最高停站次数和比例有一定的限制。不同等级的列车运行速度不同，停站的侧重点不一致，停站次数设定范围不同。

设高速铁路线上列车最高与最低停站次数分别为 $D_i^{\text{上}}$、$D_i^{\text{下}}$。列车 i 停站次数约束可以表示为

$$\sum_{j=1}^{n} x_{ij} \leq D_i^{\text{上}} \quad i \in T \qquad (4\text{-}16)$$

$$\sum_{j=1}^{n} x_{ij} \geq D_i^{\text{下}} \quad i \in T \qquad (4\text{-}17)$$

具体针对不同速度等级的列车,列车停站次数的约束分别表示为

$$\sum_{j=1}^{n} x_{ij} \leq D_1^{\text{上}} \quad i = 1, 2, \cdots, m_1 \qquad (4\text{-}18)$$

$$\sum_{j=1}^{n} x_{ij} \geq D_1^{\text{下}} \quad i = 1, 2, \cdots, m_1 \qquad (4\text{-}19)$$

$$\sum_{j=1}^{n} x_{ij} \leq D_2^{\text{上}} \quad i = m_1+1, \cdots, m-1, m \qquad (4\text{-}20)$$

$$\sum_{j=1}^{n} x_{ij} \geq D_2^{\text{下}} \quad i = m_1+1, \cdots, m-1, m \qquad (4\text{-}21)$$

列车停站的数量与列车运行区段所包含的车站数量有关,不同运行区段上所需的列车停站数量比例不一。

3)车站所需列车服务频次约束

不同等级的节点车站客流量需求不一,等级越高的节点车站,往往其社会经济地位越高,所处地理位置在路网上作用越大,客流量越大,其所需的列车服务频次越高。为了满足不同车站的客流需求情况,对不同等级车站设定满足客流需求的最低列车停站次数,即满足车站对列车停站服务频次的需求。

车站所需列车服务频次指车站全天的列车停站次数(含列车始发和终到)不得低于车站等级对列车服务频次的需求 A_j。车站所需列车服务频次约束表示为

$$\sum_{i=1}^{m} x_{ij} \geq A_j \quad j = 1, 2, 3, \cdots, n \qquad (4\text{-}22)$$

式中 A_j——车站 j 对列车服务频次的最低需求,次/天。

4)开行区段约束

在高速铁路线上,列车的运行一般有多个运行区段。为方便目标函

第4章 基于客流换乘的高速铁路列车停站方案优化方法

数中对可达强度的数学表达，文中首先假定所有列车均从线路起点站 s_1 出发，到达线路终点站 s_n。而实际上，并非所有列车都在线路两端的车站始发和终到，故需对每列车的具体运行区段进行确定和约束。

对于列车 i 而言，在其运行区段以外的车站，不存在停站。而对于其运行区段的始发、终到站一定停站。

设 $S_r^{o+d} \in S_r$ 为区段 S_r 上始发和终到站集合，即

$$S_r^{o+d} = \left\{ s_m^o, s_m^d \right\}$$

按列车运行区段重新划分列车运行顺序，则有列车集合

$$T' = T = T_1 + T_2 = \sum_{l=1}^{2}\sum_{r=1}^{R} T_l^r \quad (4\text{-}23)$$

$$T_1 = \sum_{r=1}^{R} T_1^r = T_1^1 + T_1^2 + \cdots + T_1^r + \cdots + T_1^R$$
$$= \left\{ 1, 2, \cdots, m_1^1; m_1^1+1, \cdots, m_1^2; \cdots; m_1^{r-1}+1, \cdots, m_1^r; \cdots; m_1^{R-1}+1, \cdots, m_1^R = m_1 \right\}$$
$$(4\text{-}24)$$

$$T_2 = \sum_{r=1}^{R} T_2^r = T_2^1 + T_2^2 + \cdots + T_2^r + \ldots + T_2^R$$
$$= \left\{ m_1+1, m_1+2, \cdots, m_2^1; m_2^1+1, \cdots, m_2^2; \cdots; m_2^{r-1}+1, \cdots, m_2^r; \cdots; m_2^{R-1}+1, \cdots, m_2^R = m \right\}$$
$$(4\text{-}25)$$

区段 r 上的 A 类高速铁路列车和 B 类高速铁路列车的集合表示为 T^r，

$$T^r = \sum_{l=1}^{2} T_l^r$$

则列车运行区段约束为

$$x_{ij} = 0 \quad i \in T^r, j \in S - S_r \quad (4\text{-}26)$$

$$x_{ij} = 1 \quad i \in T^r, j \in S_r^{o+d} \quad (4\text{-}27)$$

式（4-26）表示列车在其运行区段以外的其他站不停靠；式（4-27）表示列车在其运行区段的始发站和终到站一定停靠。

4. 数学模型

根据以上分析，以列车停站费用最省及旅客出行方便度最大为目标

建立基于客流换乘的高速铁路列车停站方案优化模型。

目标

$$\min Z_1 = \sum_{i=1}^{m_1}\sum_{j=1}^{n} c_1 \cdot x_{ij} + \sum_{i=m_1+1}^{m}\sum_{j=1}^{n} c_2 \cdot x_{ij} \quad (4\text{-}28)$$

$$\max Z_2 = \lambda \cdot Q = \sum_{p=1}^{n-1}\sum_{q=p+1}^{n}\sum_{i=1}^{m}(x_{ip} \cdot x_{iq}) \cdot \lambda_{pq} +$$

$$\sum_{p=1}^{n-2}\sum_{q=p+2}^{n}\left[\sum_{p<k<q, k\in S_{换}}\sum_{i=1}^{m}\sum_{i'\in\{T/i\}}(x_{ip} \cdot x_{ik} \cdot (1-x_{iq})) \cdot x_{i'k} \cdot x_{i'q} \cdot (1-x_{i'p})\right] \cdot \lambda_{pq}$$

$$(4\text{-}29)$$

约束

$$x_{ij} = \{0,1\} \quad (4\text{-}30)$$

$$\sum_{j=1}^{n} x_{ij} \leq D_i^{\perp}, \quad i \in T \quad (4\text{-}31)$$

$$\sum_{j=1}^{n} x_{ij} \geq D_i^{\top}, \quad i \in T \quad (4\text{-}32)$$

$$\sum_{i=1}^{m} x_{ij} \geq A_j, \quad j=1,2,3,\cdots,n \quad (4\text{-}33)$$

$$x_{ij} = 0, \quad i \in T^r, j \in S - S_r \quad (4\text{-}34)$$

$$x_{ij} = 1, \quad i \in T^r, j \in S_r^{o+d} \quad (4\text{-}35)$$

该模型以铁路运输企业的停站费用最省和旅客出行方便度最大作为优化的目标，以单列车停站次数限制、车站所需列车服务频次限制以及列车开行区段限制、变量 0-1 约束作为模型的约束条件。模型具备以下几个特点：

（1）该停站方案模型优化的两个目标相互制约，又相互牵连，两者形成一个整体，密不可分。

（2）模型既考虑了铁路运输企业的经济效益，又结合了旅客出行的方便程度，多方面统筹考虑，有利于企业更好地吸引客流。

（3）在考虑 OD 间客流出行方便度时，并非单纯的最大化 OD 间可达强度，而是结合 OD 间实际客流量大小，使可达强度按需强化，更加

第4章 基于客流换乘的高速铁路列车停站方案优化方法

符合实际应用。

（4）将运行区段在约束中进行设定，符合我国高速铁路线路上多运行区段的特点，使该模型能够适用于不同线路以及同一线路不同时期的客流需求，增加了其适用的广度。

通过以上模型求解出列车开行的停站方案是从运输企业为旅客最大程度提供方便的角度考虑，根据停站费用最小以及可达强度最大化建立停站方案。旅客自身选择换乘与否则需针对具体某一 OD 间的客流，对路径上可达强度较大的换乘站作为可选换乘节点，通过计算其广义费用来确定选择换乘与否，计算方法如 3.3 节所述。当换乘广义费用满足一定条件时说明选择该站换乘较为有利；若通过该站换乘的广义费用超过旅客承受范围则剔除该站作为此 OD 间的换乘节点站，继续找寻另一合适的换乘节点。

4.3 模型求解算法

高速铁路列车停站方案优化问题属于 NP-hard 问题，随着车站节点数以及列车开行数量的增加会产生解的组合爆炸，使获得全局最优解的难度呈几何级数递增。由于在大规模的求解实际问题时，传统单一的优化算法往往得不到理想的最优解，针对约束条件中有 0-1 变量的非线性混合整数规划模型,提出融合模拟退火策略的混合遗传算法求解该问题。模型求解思路可以表述为：将问题中的解映射为生物种群中的染色体，并以符号串的形式对其进行编码，根据目标函数值设置适应度函数，对每个染色体进行评价，模拟自然界生物的遗传、变异、选择和自然淘汰的进化过程，对种群反复进行基于选择、交叉和变异的遗传学操作，依据物竞天择、适者生存的自然淘汰规则使整个群体的适应度不断提高，并以最终种群中的最优染色体作为所得最优解。

4.3.1 遗传退火算法介绍

遗传算法是一种通过模拟自然界的优胜劣汰及适者生存原理来进行寻优的概率性优化算法，可以解决非线性的优化问题，具有强大的全局搜索能力。然而遗传算法的寻优过程比较盲目，没有足够跳出局部最优的能力，难以寻找到全局最优解，容易过熟收敛。模拟退火算法也是一种概率性优化算法，在一定概率下可以跳出局部最优并逐渐趋近于全局最优，但是需要有较高的初始温度、缓慢的降温速度以及每个温度 T 下的 $Metropolis$ 抽样等，所以搜索过程较为冗长。遗传退火算法是根据遗传算法的结构特点以及并行特性，将模拟退火策略引入遗传算法变异过程中的混合遗传算法。该算法既能充分发挥两种算法的寻优特点，快速地找寻到全局最优解，同时也可避免遗传算法过熟收敛和模拟退火算法搜索冗长的现象。

4.3.2 遗传退火算法设计

1. 染色体编码

用遗传退火算法求解高速铁路列车停站方案优化问题时，需根据解的性质设计合适的编码方式，直观地表现问题的解及尽量满足模型中的约束。因此，采用 0-1 整数编码方式，如图 4-6 所示。

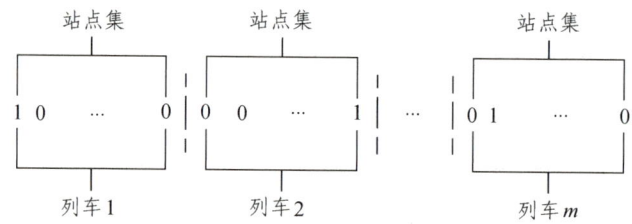

图 4-6 列车停站方案染色体编码方式

编码说明：染色体分为 m 个基因片段，m 为既定开行方案中所有的运行列车数，每个片段中的基因位点对应于路网中的各个站点；若在第 i 趟列车所代表的基因片段中，基因位点取值为 1，则表示列车 i 在该基因位点所代表的站点停站。

2. 适应度函数

由于各列车的运行区段不同，引入列车经由站点隶属系数 δ，如图 4-7 所示。

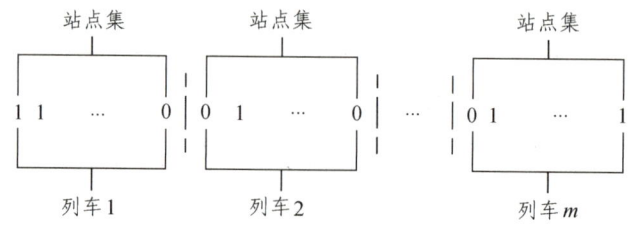

图 4-7 列车经由站点隶属系数

第4章 基于客流换乘的高速铁路列车停站方案优化方法

该隶属系数与染色体的维度相同，且取值为 1 或 0，当列车 i 经由站点 s_j 时，其对应的片段 i 中第 j 个位点取值为 1，否则为 0，在计算适应度之前，将染色体乘以隶属系数 δ 即为可行的停站方案。

高速铁路停站方案优化模型属于多目标规划模型，但有其特殊性，目标 Z_1 的值恒为正有理数，目标 Z_2 本身无量纲，故可以乘积的方式将其转化为单目标。

$$\min Z_3 = \min\left(Z_1 \times \frac{1}{Z_2}\right) \tag{4-36}$$

对于模型中的各约束条件，可以通过改进目标函数来实现。

以到可行域的距离作为惩罚函数的依据，引入阶跃函数 $J(x)$，其定义为

$$J(x) = \begin{cases} x/x_0, & x > x_0 \\ 1, & x \leq x_0 \end{cases} \tag{4-37}$$

可将车站所需列车服务频次约束处理后并入目标函数，即

$$f = Z_3 \cdot J\left(A_j^l \Big/ \sum_{i=1}^{m} x_{ij}\right) \tag{4-38}$$

单列车停站次数约束可通过上述方法进行转化，

$$f = Z_4 \cdot J\left(D_l^{\text{下}} \Big/ \sum_{j=1}^{n} x_{ij}\right) \tag{4-39}$$

3．遗传算子

算法的自适应性是指，算法参数能够在迭代过程中自动调节，以提高算法的整体搜索能力，融入自适应思想对模型设计出的遗传参数和策略如下：

1）选择算子

采用轮盘赌与精英个体保存的混合策略，选择当前种群中最优个体直接进入下一代，剩余个体进行轮盘赌随机选择，这种方式在某种程度上可以避免算法过早收敛。

2）交叉算子

交叉算子的设计主要包括交叉方式以及交叉概率的设计，采用一致交叉的方式对两父代染色体进行交叉操作，步骤如下：

步骤 1：随机产生与列车数等长的模板 $T = t_1 t_2 \cdots t_n$，t_i 取值为 0 或 1；

步骤 2：按照以下规则由父代染色体 A 与 B 产生子代染色体 A' 与 B'：a. 若 $t_i = 0$，子代染色体 A' 与 B' 分别继承父代染色体 A 与 B 第 i 个基因片段；b. 若 $t_i = 1$，子代染色体 A' 与 B' 分别继承父代染色体 B 与 A 的第 i 个基因片段。

构造具有自适应性的交叉概率如式（4-40）

$$p_c = \begin{cases} p_{c1} - \dfrac{(p_{c1} - p_{c2})(Z' - Z_{ave})}{Z_{max} - Z_{ave}}, & Z' \geqslant Z_{ave} \\ p_{c1}, & Z' < Z_{ave} \end{cases} \quad (4\text{-}40)$$

式中　Z_{max}——当前种群中的最大适应度；

Z_{ave}——当前种群中的平均适应度；

Z'——参与交叉的两个染色体中较大的适应度；

p_{c1}、p_{c2}——交叉概率调整参数。

3）变异算子

变异算子包含变异方式以及变异概率的设计，其中变异步骤如下：

步骤 1：随机选择染色体的某个基因片段，搜索该片段取值为 1 的基因位点，记 r_1；

步骤 2：从该基因片段随机选择另一个基因位点 r_2，并交换 r_1 与 r_2 对应的基因值。

构造具有自适应性的变异概率如式（4-41）

$$p_m = \begin{cases} p_{m1} - \dfrac{(p_{m1} - p_{m2})(Z - Z_{ave})}{Z_{max} - Z_{ave}}, & Z \geqslant Z_{ave} \\ p_{m1}, & Z < Z_{ave} \end{cases} \quad (4\text{-}41)$$

式中　p_{m1}、p_{m2}——变异概率调整参数。

4. 模拟退火策略

在混合遗传算法中，自适应遗传算法控制全局的寻优方向，模拟退火的 Metropolics 邻域搜索策略提高算法的邻域搜索能力，两者结合使算法求解性能得到提高。

每次迭代时，在执行完遗传策略的子代种群中，随机选择一个当前个体 chrom(i) 并按照变异的方式产生其邻域个体 chrom(j)，然后按照

Metropolics 策略对当前个体进行替换

$$p(i \to j) = \begin{cases} 1, & f(j) < f(i) \\ \exp(\dfrac{f(i)-f(j)}{T}), & f(j) \geqslant f(i) \end{cases} \quad (4\text{-}42)$$

式中　$p(i \to j)$——当前个体 chrom(i) 被邻域个体 chrom(j) 替换的概率；
　　　$f(i)$——当前个体 chrom(i) 的适应度；
　　　T——当前温度。

4.3.3　算法具体流程

混合遗传算法求解高速铁路列车停站方案优化的具体步骤如下：

步骤 1：初始设定算法参数，种群大小 popsize，交叉概率调整参数分别为 p_{c1}、p_{c2}，变异概率调整参数分别为 p_{m1}、p_{m2}，最大迭代次数 Maxgen，初始温度 t_s，温度衰减参数 α；

步骤 2：按照前文染色体编码方式生成初始种群 pop，当前代数 $n \leftarrow 1$；

步骤 3：计算当前种群中各染色体适应度，选择最优个体直接进入下一代，剩余个体进行轮盘赌随机选择；

步骤 4：根据式（4-40）计算得到的交叉概率，对种群进行一致性交叉操作；

步骤 5：根据式（4-41）计算得到的变异概率，对种群进行变异操作；

步骤 6：在子代种群随机选择一个染色体生成其邻域解，按式（4-42）对两者进行选择，更新当前迭代次数 $n \leftarrow n+1$；

步骤 7：算法终止判定，若 $n \leqslant$ Maxgen，转步骤 3 循环计算，否则输出当前种群中最优染色体，并解码为最优列车停站方案。

算法流程如图 4-8 所示。

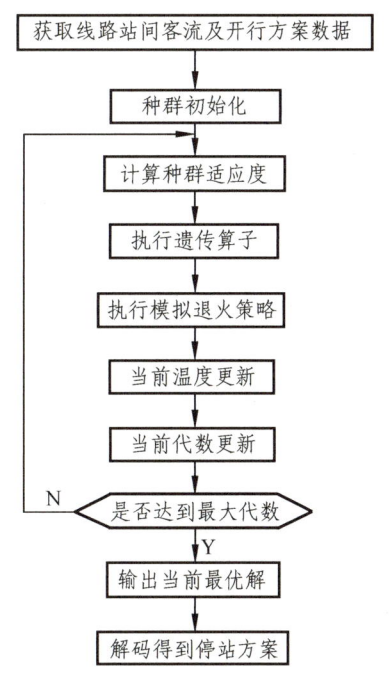

图 4-8　算法流程示意图

第 5 章　基于均衡性和可达性的高速铁路列车停站方案优化方法

5.1 基于均衡性和可达性的高速铁路列车停站优化关键问题

5.1.1 高速铁路列车停站方案的编制原则

列车停站是为了满足旅客乘降需要，中间各站间的客流交换主要通过列车停站的方式输送，列车停站数目越多越有利于各站旅客的乘降，为旅客出行提供方便；但高速铁路列车停站次数过多会损失列车旅行速度，增加旅客旅行时间。因此，列车停站的设置既要考虑方便旅客出行，又要保证高速铁路列车的旅行速度。此外，列车停站与客流分配相互影响，不同的停站方案吸引的客流不同，影响旅客对列车的选择。在制订列车停站方案时应遵循以下原则：

1. 最大限度地为旅客提供方便

编制停站方案的最终目标，是将各起讫点间的客流分配到相应的列车上，完成旅客的出行需求。从方便旅客的角度，制订停站方案应尽可能多地为旅客提供直达服务，减少旅客的换乘。对于满足开行直达不停站列车的客流量优先考虑开行直达列车；剩余客流量开行停站列车，适当增加列车停站次数，为更多旅客提供服务。

另外，应保证一定的车站服务频率，使列车在同一车站的停站时间分布尽量均衡，避免某一时段大量列车停站或无列车停站的情形，节省旅客乘车等待时间。

还应缩短长途旅客的旅行时间，限制每列车的停站次数，文献[10]认为应适当组织同一线路的不同列车交错停站,减少每列车的停站次数，以此提高旅客列车的旅行速度，同时满足不同车站旅客的出行需求。

第5章 基于均衡性和可达性的高速铁路列车停站方案优化方法

2．合理利用通过能力

列车停站对通过能力的影响较大，同一运行区段的相同等级的列车的停站次数应尽量接近，并按"递远递停"安排列车停站，有利于提高区段通过能力。

3．减少铁路运输成本

列车停站延长了动车组的占用时间，减缓了车底周转，增加了动车组需求数量；列车起停将带来额外的能源消耗，增加乘务组费用等；列车在站停车也会增加车站的额外费用[63]。

所以，在基本满足旅客需求的前提下，列车停站次数越少，运输企业的运营成本也就越低，相应的经济效益就会得到提高。

5.1.2 高速铁路列车停站方案编制影响因素

停站方案的编制过程较为复杂，影响因素多种多样。国外普遍在车站和列车分级化的思想上建立相对简单的列车停站方案，而我国目前则主要按照"按流开车"的原则，采用建立模型等方式进行停站方案的编制。停站方案的影响因素有以下几点：

1．客流分布

客流分布是停站方案制订的基本依据，客流量的大小和性质反应了旅客出行行为的需求，我国铁路的开行方案一直本着"按流开车"的基本思想，确定列车开行区段、开行对数和列车种类。旅客列车停站是为中间站上下旅客服务的，设置停站方案的最终目标也是满足中间各站间的客流交换。我国客流总量大、分布不均，各车站所需满足旅客需求的服务频率不均，这就决定了列车在不同车站的停站次数不同，再加上旅客流量在不同时间段内波动明显、结构复杂、旅客出行选择的需求不一，使得列车的停站也变得更加多样化。

2．车站等级

车站的等级由车站所在城市规模、经济发展状况、人口数量等决定，再结合近期铁路旅客的到达量和发送量、城市交通枢纽布局、动车段配属等一系列的影响因素，通过一定的方法将车站分级。高等级的车站一般设在中大型城市，旅客的发送量和到达量较多，列车在站停靠次数需与站上客流量相适应，故列车在高等级车站的停靠次数也相应较多。车站的规模、线路咽喉能力和接发车能力等也会在一定程度上影响停站方案的制订；同时，政治因素影响的必停靠车站对停站方案的影响也十分重要。

文献[62]将车站划分为 3 个层次的节点等级，对 3 个等级节点的服务频率分别要求不低于 4 次/h、1 次/h 和 0.5 次/h。

3. 列车等级

目前，运行在我国高速铁路线上的列车有时速在 250 km 以上的高速动车组列车（G 字头列车），时速在 200 km 以上的动车组列车（D 字头列车）以及以 160～200 km/h 的速度运行的跨线列车。为了保障列车旅行速度，减少旅客出行时间，保证列车服务质量，对于每列车的停站数量都会有一定的限制。高等级列车平均运营速度快，旅客对于旅行时间和舒适性要求较高，停站次数少；同时，为满足中间站旅客乘降需求，低等级列车应相应增加停站次数。如我国京沪高速铁路上高速动车组列车的停站比例一般在 30%～40%，而动车组列车的停站比例高达 80%。

4. 区段通过能力

高速铁路列车每一次停站将产生停站时间以及起停车附加时间，相对不停车的高速铁路列车，其额外占用的时间将对通过能力产生不利影响。在停站次数和停站时间确定的条件下，停站列车的扣除系数取决于该列车在运行图上的分布，因此，停站方案的编制还受区段通过能力的影响。

5.2 基于均衡性和可达性的高速铁路列车停站方案优化模型

高速铁路列车停站方案的编制，在满足客流需求的基础上，应最大限度地为旅客提供方便，合理利用区间通过能力，减少铁路运输成本。由于高速铁路同一方向开行的具有相同列车始发终到站及运行径路的高速铁路列车较多，目前高速铁路列车停站方案的编制一般以停站率（指在一个车站有营业停时的列车数与经由该车站的同一种类列车总数的比率）作为列车停站方案中停站分布的重要指标。

5.2.1 列车停站率

列车停站率是指在一个车站有营业停时的列车数与经由该车站的同一种类列车总数的比率。列车停站率[24]可根据各站到达和发送的旅客数量来确定。

$$R_j = \frac{A_发 + A_到}{K_密} \cdot \alpha \quad (5\text{-}1)$$

式中　R_j——车站 j 的列车停站率；

$A_发$——从 j 车站出发的旅客人数（日均人数）；

$A_到$——到达 j 车站的旅客人数（日均人数）；

$K_密$——区段客流密度（日均人数），通过绘制客流图统计；

α——计算系数，根据列车平均停站次数取值。

一条线路有多个运行区段时，列车停站率应按列车开行区段分别确定。当列车开行区段部分重合时，应按照一定的方法对重合部分车站间的客流进行重新分配，每个开行区段对应一个新的 OD 客流表，分配的原则是尽量平衡开行区段各个断面的客流量[26]。当开行直达列车或大站停列车时，在 OD 客流表上还应扣除直达列车和大站停列车带走的客流量。此外，对个别车站，考虑到政治经济等因素的影响，停站率可以相应调整。

5.2.2 问题描述

对于一条高速铁路，编制列车开行方案时通常需要经过几个步骤：首先，客运部门收集资料并预测站间 OD 客流量，绘制客流图，计算客流总量、区段客流密度；其次，根据客流总量和区段客流密度初步确定列车开行区段和不同种类列车的开行对数；最后，在各开行区段上确定列车的停站方案[62]。

在优化停站方案时，将列车开行区段、列车开行种类和对数以及列车停站率作为已知条件。考虑单个开行区段同一等级的列车，假设区段车站总数为 n，列车总数为 m，列车 i 在车站 j 是否停站表示为 x_{ij}，同时 i 还代表了列车经过车站的时间顺序，j 代表该区段车站的排列顺序。

$$x_{ij} = \begin{cases} 0 & \text{列车}i\text{在第}j\text{站不停车} \\ 1 & \text{列车}i\text{在第}j\text{站停车} \end{cases} \quad (5\text{-}2)$$

5.2.3 目标函数

（1）在单个车站上，不同列车经过同一车站的停站时间分布尽量均衡，每隔一段时间就有列车在站停车，可实现车站服务频率的固定化，增加了旅客出行的便捷性。

对在 j 站停车的列车进行排序，$D_{pj} = p \cdot x_{pj}, x_{pj} \neq 0$，

$$\min Z_1 = \sum_{j=1}^{n} \sum_{p=1}^{e_j-1} \left(\left| D_{pj} - D_{(p+1)j} \right| - \frac{1}{R_j} \right)^2 \quad (5\text{-}3)$$

式中　R_j——同一等级的列车在 j 站的停站率；

$1/R_j$——表示在 j 站停车的列车平均时间间隔；

e_j——在 j 站停车的列车总数，$e_j = \sum_{i=1}^{m} x_{ij}$。

（2）对单个列车，列车经停的车站分布比较均衡，尽量避免一个列车连续停靠几个车站，而在其他站连续通过的情形。

对第 i 列车停靠的车站进行排序，$S_{iq} = q \cdot x_{iq}, x_{iq} \neq 0$，

$$\min Z_2 = \sum_{i=1}^{m} \sum_{q=1}^{f_i-1} \left(\left| S_{iq} - S_{i(q+1)} \right| - V_i \right)^2 \quad (5\text{-}4)$$

$$V_i = \frac{n-1}{f_i-1} \quad (5\text{-}5)$$

式中　V_i——第 i 列车的平均停站间隔；

f_i——第 i 列车的停站总次数，$f_i = \sum_{j=1}^{n} x_{ij}$。

5.2.4 约束条件

（1）列车停站率约束。是指对单个车站，其全天的列车停站次数应符合列车停站率的要求。

第5章 基于均衡性和可达性的高速铁路列车停站方案优化方法

$$\sum_{i=1}^{m} x_{ij} = R_j \cdot m \qquad (5-6)$$

（2）站间服务可达性约束。从方便旅客的角度，制订的停站方案应尽可能多地为旅客提供直达服务，减少或避免旅客的换乘，反映在本模型中，即同时为两中间站提供服务的列车数量满足客流需求。为此，设计 $N \times N$ 的服务矩阵 Y_{gk}，Y_{gk} 表示第 g 个车站到第 k 个车站需要的直达服务列车数量。可以看出，只有两中间站列车停站率较低时，站间服务可达性约束才有作用。

$$\sum_{i=1}^{m}\sum_{g=1}^{n}\sum_{k=1}^{n} x_{ig} \cdot x_{ik} \geqslant Y_{gk} \qquad (5-7)$$

（3）单个列车停站次数约束。同一运行区段的相同等级的列车的停站次数应尽量接近，以保证相同等级列车旅行速度基本相同，使列车运行线接近于平行铺画，有利于充分利用高速铁路的通过能力。

$$\sum_{i=1}^{m}\sum_{j=1}^{n} x_{ij} = \sum_{j=1}^{n} R_j \qquad (5-8)$$

（4）"0-1"约束。列车在车站是否停站用 0-1 变量表示。

$$x_{ij} = \begin{cases} 0 & \text{列车 } i \text{ 在第 } j \text{ 站不停车} \\ 1 & \text{列车 } i \text{ 在第 } j \text{ 站停车} \end{cases} \qquad (5-9)$$

（5）始发终到站约束。即所有列车在始发终到站停车。

$$x_{i1} = 1, \quad x_{in} = 1 \qquad (5-10)$$

5.3 模型求解算法

5.3.1 多目标转化

基于均衡性和可达性的高速铁路列车停站方案优化模型存在两个目标函数，一个是在单个车站上，不同列车经过同一车站的停站时间分布尽量均衡，另一个是对单个列车，列车经停的车站分布比较均衡，可以看出该模型是多目标优化问题。

对多目标优化问题的求解可以采用间接法，首先，通过某种方法将多目标规划转化为单目标规划问题；然后，借助于非线性规划的优化算法来求解此单目标规划；最后，所求的解即为多目标规划的解。可以采用线性加权和法分别赋予两个目标不同的权系数，将多目标函数转换为单目标函数

$$\min Z = \omega_1 \cdot Z_1 + \omega_2 \cdot Z_2 \quad (5\text{-}11)$$

式中 ω_1——不同列车经过同一车站的停站时间分布均衡性权系数；

ω_2——同一列车经停的车站分布均衡性权系数；

$\omega_1 + \omega_2 = 1$，其中，$\omega_1 = 0.5$，$\omega_2 = 0.5$。

5.3.2 初始解的产生

根据列车停站率计算每列车的停站次数和每个车站总的列车停站次数。按照每个车站总的停站次数等间隔分布每列车的停站，同时满足每列车的停站次数约束和站间服务可达性约束。初始解的产生过程如下：

第 1 步：设置起始位置变量 $B = 1$，令 $i = 1$。

第 2 步：计算车站的停站列车数间隔 $d = [1/r_{ik}]$，若 $B > d$，令 $B = B \mid d$，令 $p = B$。

第 3 步：令 $x_{ip} = 1$，$p = p + d$，$i = i + 1$。

第 4 步：若 $i < n$，且 $p \leq m$，转第 3 步；若 $i < n$，且 $p > m$，转第 2 步；否则退出。

5.3.3 启发式搜索算法

生成的初始解，每列车经停的车站分布不一定均衡，对经停车站分布比较集中的列车进行调整，使每列车的经停车站的分布趋向均衡，列车停站调整的过程采用随机搜索算法，将符合要求的列车停站进行随机互换，从而获得新解。算法步骤：

第 1 步：产生初始解，并求出目标函数值 $Z = \omega_1 \cdot Z_1 + \omega_2 \cdot Z_2$，令 $Z_{\max} = Z$。

第 2 步：采用随机搜索算法，对符合

$$(x_{ip} + x_{iq})(x_{ip} + x_{iq}) \cdot (x_{ip} + x_{iq}) \cdot (x_{ip} + x_{iq}) = 1 \quad (5\text{-}12)$$

的停站，互换 x_{ip} 和 x_{iq} 的值、x_{gp} 和 x_{gp} 的值，产生新的列车停站分布方案；

第3步：计算目标函数值 $Z = \omega_1 \cdot Z_1 + \omega_2 \cdot Z_2$，进行目标函数值的比较，若 $Z < Z_{\max}$，令 $Z_{\max} = Z$。

第4步：若迭代次数达到其上限值，得到当前最优解，算法退出。

5.3.4 调整列车停站方案

经过上述计算可以获得单个区段同种列车的初始停站方案，一条高速铁路往往有多个列车开行区段，对每一开行区段按上述模型计算其列车停站方案，再结合"计算机编制列车运行图"按"递远递停"调整列车运行线的顺序，充分利用线路通过能力。同时考虑客流时间分布规律，高峰时段列车运行线安排紧密，还要考虑车底周转等因素。

第 6 章 基于停站方案的高速铁路能力利用优化研究

在既定的高速铁路停站方案前提下,列车运行图结构在很大程度上影响铁路的通过能力。紧凑铺画列车运行图,合理布线进而优化其结构,有助于提高铁路通过能力,有利于满足客流高峰时段或突发性客流激增背景下尽快密集发车的需求。将高速铁路列车运行图的结构优化问题转化为旅行商问题(TSP),建立相应的数学模型,并设计了遗传算法进行求解[64]。以京沪高速铁路为实例,确定了列车运行线的更合理顺序,编制出优化的列车运行图方案。

6.1 数学描述

$S = \{S_j | j = 1, 2, \cdots, n\}$ 为高速铁路某线路上的车站集,$S_1, S_2, \cdots, S_n$ 分别表示某方向别(上行或下行)列车从线路区段始发站到终到站依次经过的车站,n 表示线路上的车站总数。$T = \{T_i | i = 1, 2, \cdots, m\}$ 为线路中的列车集,m 表示线路上的列车总数。对于列车 T_i 在车站 S_j 只有停与不停两种情况,用 0-1 变量 x_{ij} 来描述:若列车 T_i 在站 S_j 停,$x_{ij}=1$;否则 $x_{ij}=0$。$\{x_{i1}, x_{i2}, \cdots, x_{in}\}$ 表示列车 T_i 的停站序列。t_j 表示高速铁路列车在站 S_j 的停站时分,t_{ZC} 表示不停站直达列车的纯旅行时分,t_{QF} 表示起车附加时分,t_{TF} 表示停车附加时分。

定义 1:对任意两列车 T_{i_1} 和 T_{i_2},当 T_{i_2} 为 T_{i_1} 的紧后行列车时,找不到比 $\Delta t_{i_1 i_2}$ 更小的始发站发车间隔时间,使得这两列车在任意车站均满足相应的车站间隔时间,$\Delta t_{i_1 i_2}$ 称为列车 T_{i_1} 和 T_{i_2} 的最小始发间隔时间。

根据高速铁路已定的停站方案,由列车运行标尺、起停车附加时分、停站时分等已知参数,可以计算得出任意两列车 T_{i_1} 和 T_{i_2} 的最小始发间隔时间 $\Delta t_{i_1 i_2}$,具体方法参照文献[27]。

定义 2:列车运行图中的任意两条相邻列车运行线的间隔时间等于

这两列车的最小始发间隔时间，这种铺画方式称为紧凑铺画。

6.2 基于停站方案的高速铁路能力利用优化模型

根据既定的高速铁路停站方案，通过对列车进行合理排序，优化列车运行图结构，可以改善铁路通过能力利用。由此，确定优化的目标是使紧凑铺画的列车运行图中第一列列车从始发站出发至最后一列列车到达终到站之间总的间隔时间最短。

若将每条列车运行线视为一个节点，由此来构造节点网络完全图，用 k 表示节点的编号，各节点的编号与其对应运行线的编号保持一致。令节点 k_1 指向节点 k_2 的路径的费用等于列车 T_{i_1} 和 T_{i_2} 的最小始发间隔时间，那么根据定义1和定义2，整个网络完全图中所有路径的费用是可以根据既定的高速铁路停站方案来确定的。

优化目标中还涉及运行线的运行时分，然而这部分内容并没有在节点网络完全图中得以体现，这将导致在后续的建立模型和求解过程中陷入困境。为了研究的方便，我们增设一个虚拟节点，赋其编号为 $m+1$，令之前的 m 个节点到节点 $m+1$ 的路径费用等于各列车运行线的运行时分，而节点 $m+1$ 到其他各节点的路径费用设为 0，由此形成扩展了的节点网络完全图。

在新的节点网络完全图中，从任一节点出发，遍历所有节点各一次并回到该节点，这一巡回路径的拓扑结构是一个环。若将该环在节点 $m+1$ 处断开，同时去掉节点 $m+1$，将形成一条链，这时各节点的顺序可以一目了然地确定下来。按照此顺序紧凑铺画各节点对应的列车运行线，所有相邻列车运行线的间隔时间与最末一条运行线的运行时分之和正好等于该巡回路线的总费用。也就是说，为了优化列车运行线顺序，使得相邻列车运行线的各间隔时间与最末一条运行线的运行时分之和最小，就是要在节点网络完全图中寻找总费用最小的巡回路径。

由构造的节点网络完全图寻找最优的巡回路径大致过程如图 6-1 所示，优化结果的节点顺序为 3241。

通过上面的分析和处理，紧凑铺画时列车运行图结构的优化问题本质上可转化为经典的旅行商问题(TSP)。设 $G=(V,E)$ 是一个带正权的完全图，$V=(1,2,\cdots,m+1)$，E 表示完全图中所有边的集合，边 (k_1,k_2) 的费用记为 $C_{k_1 k_2}$。

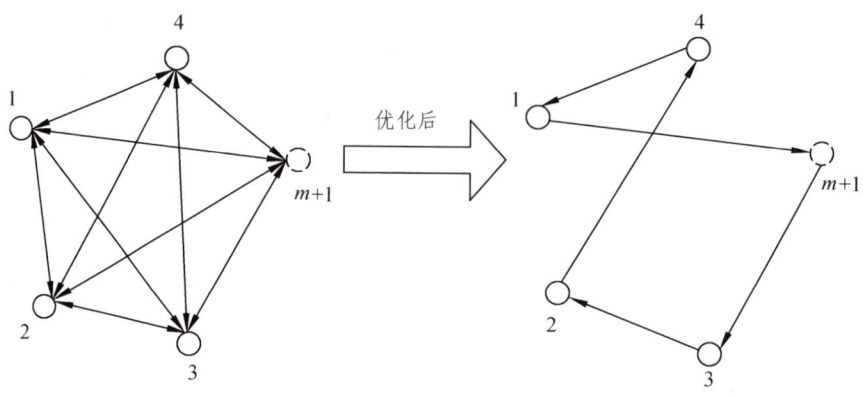

（a）节点网络完全图　　　　　　（b）优化结构

图 6-1　优化过程

节点网络完全图的费用矩阵

$$C_{(m+1)\times(m+1)} = \begin{bmatrix} 0 & \Delta t_{1,2} & \cdots & \Delta t_{1,m} & \sum_{j=1}^{n} x_{1,j} t_j + t_{ZC} \\ \Delta t_{2,1} & 0 & \cdots & \Delta t_{2,m} & \sum_{j=1}^{n} x_{2,j} t_j + t_{ZC} \\ \vdots & \vdots & \vdots & \vdots & \vdots \\ \Delta t_{m,1} & \Delta t_{m,2} & \cdots & 0 & \sum_{j=1}^{n} x_{m,j} t_j + t_{ZC} \\ 0 & 0 & 0 & 0 & 0 \end{bmatrix}$$

用变量 $\lambda_{k_1 k_2}$ 来表示边 (k_1, k_2) 是否存在于总费用最小的巡回路线中，若是，$\lambda_{k_1 k_2} = 1$；否则，$\lambda_{k_1 k_2} = 0$。这里有一种特殊情况，若 $k_1 = k_2$ 时，取 $\lambda_{k_1 k_2} = 0$，因为这样的边在节点网络完全图中并不存在。所以待求解的变量矩阵

$$\lambda_{(m+1)\times(m+1)} = \begin{bmatrix} 0 & \lambda_{1,2} & \cdots & \lambda_{1,m+1} \\ \lambda_{2,1} & 0 & \cdots & \lambda_{2,m+1} \\ \vdots & \vdots & \vdots & \vdots \\ \lambda_{m+1,1} & \lambda_{m+1,2} & \cdots & 0 \end{bmatrix}$$

第6章 基于停站方案的高速铁路能力利用优化研究

为了优化紧凑铺画时列车运行图的结构,确定最优的列车运行线顺序,实现第一列车从始发站出发、最末列车到达终到站的间隔时间最小化的目标,就转化为巡回路径总费用最小化的 TSP 问题,即

$$\min Z = \sum_{k_1=1}^{m+1}\sum_{k_2=1}^{m+1} \lambda_{k_1 k_2} C_{i_1 i_2}$$

s.t.

$$\sum_{k_1} \lambda_{k_1 k_2} = 1, \quad \forall k_2 \in V \tag{6-1}$$

$$\sum_{k_2} \lambda_{k_1 k_2} = 1, \quad \forall k_1 \in V \tag{6-2}$$

$$\sum_{k_1,k_2 \in V} \lambda_{k_1 k_2} = |S|, \quad S\ 为\ G\ 的巡回路径子图 \tag{6-3}$$

$$\lambda_{k_1 k_2} = \begin{cases} 1, & 边\ (k_1,k_2)\ 在巡回路径中 \\ 0, & 边\ (k_1,k_2)\ 不在巡回路径中 \end{cases} \tag{6-4}$$

其中,$|S|$ 为巡回路径子图的边的个数,式(6-1)和式(6-2)表示任一节点在巡回路径中只能出现一次,式(6-4)表示巡回路径必须遍历所有节点。

6.3 模型求解算法

1. 染色体编码

采用以遍历节点的次序进行编码的方法,如码串 123456 表示自节点 1 开始,依次经节点 2、3、4、5、6,最后返回节点 1 的遍历路径,这是针对 TSP 问题的最自然的编码方式。

2. 适应度函数

适应度函数常取路径长度 T_d 的倒数,即 $f=1/T_d$。结合 TSP 的约束条件(每个节点经过且只经过一次),适应度函数修正为:$f=1/(T_d+\alpha N_t)$,其中 N_t 是对 TSP 路径不合法的度量(这里取 N_t 为未遍历的节点的个数),α 为惩罚系数,常取节点间最长距离的两倍多一点(这里取 $\alpha = 2.1 d_{\max}$)。

3. 遗传算子

1）选择算子

用适应度函数对群体中所有个体进行评估,将选择算子作用于群体,选择的目的是把优化的个体直接遗传到下一代或通过配对交叉产生新的个体再遗传到下一代。采用轮盘赌与精英个体保存的混合策略,选择当前种群中最优个体直接进入下一代,剩余个体进行轮盘赌随机选择,这种方式能够在一定程度上避免算法过早收敛。

2）交叉算子

采用部分匹配交叉策略:随机选择两个交叉点,将两交叉点之间的基因段互换,将互换后的基因段以外的部分中与互换后基因段中节点冲突的用另一父代的相应位置代替,直至没有冲突。

3）变异算子

对群体中的个体,随机选择染色体中的两点,交换其码值。

4. 遗传算法求解的具体流程

步骤1:设定各参数,种群大小 M_{pop},交叉概率 P_c,变异概率 P_m,最大遗传代数 Max;

步骤2:按照染色体编码方式生成初始种群,当前代数 $n=1$;

步骤3:计算当前种群中各染色体适应度,选择最优个体直接进入下一代,剩余个体进行轮盘赌随机选择;

步骤4:根据给定的交叉概率 P_c,对种群进行一致性交叉操作;

步骤5:根据给定的变异概率 P_m,对种群进行变异操作。更新代数 $n=n+1$;

步骤6:算法终止条件判定:若 $n \leqslant $ Max,转步骤3,否则输出当前种群中最优染色体,并解码为列车运行图编制方案。

5. 实例验证与结果分析

为检验算法效果,以2015年京沪高铁为例进行验证。取全路运行图中由北京南始发,终到上海虹桥的全部39列速度为300 km/h的下行列车为研究对象。

$t_{ZC}=276$ min,$t_{QF}=2$ min,$t_{TF}=3$ min。全路运行图中京沪高铁在各站的停站时间如表6-1所示(单位:min),具体停站方案如表6-2所示。

第6章 基于停站方案的高速铁路能力利用优化研究

表 6-1 京沪高铁各站停站时间

车站	北京南	廊坊	天津西	天津南	沧州西	德州东	济南西	泰安	曲阜东	滕州东	枣庄	徐州东	宿州东	蚌埠南	定远	滁州	南京南	镇江南	丹阳北	常州北	无锡东	苏州北	昆山南	上海虹桥
停站时间 t_j/min	0	2	2	2	2	2	2	2	2	2	2	3	1	2	2	2	2	2	2	2	2	2	2	0

表 6-2 京沪高铁停站方案

车次\车站	北京南	廊坊	天津西	天津南	沧州西	德州东	济南西	泰安	曲阜东	滕州东	枣庄	徐州东	宿州东	蚌埠南	定远	滁州	南京南	镇江南	丹阳北	常州北	无锡东	苏州北	昆山南	上海虹桥
G1	1	0	0	0	0	0	0	0	0	0	0	0	0	0	0	0	1	0	0	0	0	0	0	1
G3	1	0	0	0	0	0	0	0	0	0	0	0	0	0	0	0	1	0	0	0	0	0	0	1
G11	1	0	0	0	0	0	1	0	1	0	0	0	0	0	0	0	1	0	0	1	0	0	0	1
G13	1	0	0	0	0	0	1	0	0	0	0	0	0	0	0	0	1	0	0	0	0	0	0	1
G15	1	0	0	0	0	0	1	0	0	0	0	0	0	0	0	0	1	0	0	0	0	0	0	1
G17	1	0	0	0	0	0	1	0	0	0	0	0	0	0	0	0	1	0	0	0	0	0	0	1
G19	1	0	0	0	0	1	1	0	0	0	0	0	0	0	0	0	1	0	0	0	0	0	0	1
G21	1	0	0	1	0	0	1	0	0	0	0	0	0	0	0	0	1	0	0	0	0	0	1	1
G101	1	0	0	0	1	0	1	1	0	0	0	1	0	0	0	0	1	0	0	0	0	0	1	1
G103	1	0	0	0	1	0	1	1	0	1	0	1	0	0	1	0	1	0	0	0	0	0	0	1
G105	1	1	0	1	0	0	1	0	0	0	0	1	0	0	0	0	1	0	0	0	0	0	0	1
G107	1	0	0	0	1	1	1	0	0	0	0	1	1	0	0	0	1	0	0	0	0	0	0	1
G109	1	0	0	0	0	1	1	0	0	0	0	0	0	0	0	0	1	0	0	0	1	0	1	1
G111	1	0	0	0	0	0	1	0	0	0	0	0	0	0	0	0	1	0	0	0	0	0	0	1
G113	1	0	0	0	0	0	1	0	0	0	0	0	0	0	0	0	1	0	0	0	0	1	0	1
G115	1	0	0	0	1	1	1	0	0	0	0	0	0	0	0	0	1	0	0	0	0	1	0	1
G117	1	1	0	0	1	1	0	0	0	0	0	0	0	0	0	0	0	0	0	0	1	1	0	1
G119	1	0	0	1	0	0	1	0	1	0	0	0	0	0	0	0	1	1	0	1	0	0	0	1
G121	1	1	0	1	0	1	0	1	0	1	0	0	0	0	0	0	0	0	0	1	0	0	0	1
G123	1	0	0	0	1	0	0	0	0	0	1	0	0	0	0	0	1	0	0	0	0	0	1	1

续表

车次\车站	北京南	廊坊	天津西	天津南	沧州西	德州东	济南西	泰安	曲阜东	滕州东	枣庄	徐州东	宿州东	蚌埠南	定远	滁州	南京南	镇江南	丹阳北	常州北	无锡东	苏州北	昆山南	上海虹桥
G125	1	0	0	1	0	1	1	0	0	1	0	0	0	1	0	0	1	0	1	1	0	1	0	1
G127	1	0	0	0	1	1	1	0	0	0	0	1	1	0	0	0	1	0	0	0	1	0	0	1
G129	1	0	0	0	0	1	1	0	0	0	0	1	1	0	0	0	1	1	0	0	1	0	0	1
G131	1	0	0	1	0	0	1	0	1	0	1	1	0	0	0	1	1	0	0	1	0	1	0	1
G133	1	0	0	0	1	0	0	1	0	1	1	1	0	0	0	1	1	0	0	1	0	1	1	1
G135	1	0	0	0	1	0	1	1	1	1	0	0	0	0	1	0	0	1	0	0	1	0	0	1
G137	1	0	0	1	0	1	1	0	0	0	1	1	0	0	0	1	1	0	0	1	0	0	0	1
G139	1	0	0	0	0	0	1	0	0	0	0	1	1	0	0	0	1	1	0	0	1	0	0	1
G141	1	0	0	0	1	0	0	1	0	0	1	1	0	0	0	1	1	0	0	1	1	0	0	1
G143	1	1	0	0	1	0	1	1	1	0	0	1	0	0	1	0	0	1	0	0	0	1	0	1
G145	1	0	0	1	0	1	0	0	1	0	1	1	0	0	0	0	1	0	0	1	0	1	0	1
G147	1	0	0	0	1	1	1	0	1	0	0	1	0	0	1	1	1	0	0	1	0	1	0	1
G149	1	0	0	0	1	1	1	0	1	0	1	1	0	0	0	1	1	0	0	1	0	1	0	1
G151	1	1	0	1	0	1	0	0	1	0	1	1	0	0	0	1	1	0	0	1	0	1	0	1
G153	1	1	0	0	0	1	1	0	0	0	1	1	0	0	0	0	1	1	0	0	1	0	0	1
G155	1	0	0	1	0	1	1	0	0	0	1	1	0	0	0	0	1	0	0	0	1	1	1	1
G157	1	0	0	1	0	1	1	0	0	0	1	1	0	0	0	0	1	0	0	1	1	0	0	1
G159	1	0	0	0	1	0	1	0	1	0	1	1	0	0	1	1	0	0	0	0	0	0	0	1
G411	1	1	0	0	1	1	1	0	0	1	0	1	0	0	1	0	1	0	0	0	0	0	1	1

全路运行图中各列车的铺画顺序为：G101、G103、G105、G11、G107、G109、G111、G1、G113、G115、G117、G13、G119、G121、G15、G123、G125、G411、G127、G129、G131、G133、G135、G137、G3、G139、G141、G17、G143、G145、G19、G147、G149、G151、G21、G153、G155、G157、G159。若这些运行线紧凑铺画，总用时 628 min。

将表 6-1 中各列车依次编码 1~39，增加一个虚拟节点，其编号设

第6章 基于停站方案的高速铁路能力利用优化研究

为 40。设定遗传算法中各参数：种群大小 $M_{pop}=60$，交叉概率 $P_c=0.4$，变异概率 $P_m=0.05$，最大遗传代数 Max = 300。经 300 次迭代后，取当代种群中最优染色体，其编码为

1-2-5-6-4-3-7-15-13-38-9-8-18-26-24-14-31-35-37-10-22-36-25-16-12-20-32-33-30-17-39-19-34-27-21-11-28-23-29-40

去除最末的虚拟节点，解码成列车运行线的铺画顺序：

G1、G3、G15、G17、G13、G11、G19、G113、G109、G159、G101、G21、G119、G135、G131、G111、G145、G153、G157、G103、G127、G155、G133、G115、G107、G123、G147、G149、G143、G117、G411、G121、G151、G137、G125、G105、G139、G129、G141

总用时 495 min，比现行方案减少 133 min，约 21.2%，表明列车运行图通过能力得到了较大的改善。

在铺画列车运行图编制过程中，从力求通过能力最大的实际出发，建立了高速铁路列车运行图结构优化的数学模型，并设计了遗传算法进行求解。以 2015 年全路列车运行图中的京沪高铁为例，编制出结构更合理的列车运行图方案，得到以下主要结论：

（1）通过实例计算，确定了更合理的运行线顺序。优化方案开行 39 列，列车总用时 495 min，比现行方案减少 133 min，约 21.2%。这样的优化方案有着非常现实的意义，可以较好地满足客流高峰时段或突发性客流激增时需尽快密集发车的要求。

（2）以某高速铁路线路某种速度的高速铁路列车为研究对象，是基于不存在越行的事实，若不同速度的高速铁路列车不存在越行，该方法同样适用。

第 7 章 高速铁路列车停站方案与运行图协同优化方法

目前，高速铁路列车停站方案研究主要沿用铁路既有线的传统方法，铁路既有线同方向开行的列车数量较少，停站方案主要以满足客流出行为主，造成列车停站次数较多，影响到线路能力。高速铁路同方向列车开行数量较多，列车停站方案对区间通过能力影响更大，同时，高速铁路列车对停站的均衡性和停站率有一定的要求，停站方案呈组合爆炸特性，直接影响运行图编制的质量。高速铁路列车停站方案的最终精确描述是通过列车运行图体现出来的，停站方案是否合理也是依据列车运行图进行检验的。同时，列车运行图制约着停站方案的设置。因此，合理的高速铁路列车停站方案是与运行图协同编制优化的结果。本章主要分析高速铁路列车停站方案与运行图协同优化的必要性和关键问题。在此基础上，提出高速铁路列车停站方案与运行图协同优化模型。

7.1 高速铁路列车停站方案与运行图协同优化的关键问题

7.1.1 高速铁路列车停站方案与列车运行图协同优化分析

高速铁路列车运行图指以高速铁路为计划对象编制的列车运行图，其中列车运行图是用以表示列车在铁路区间运行及车站到发或通过时刻的技术文件，它规定各次列车占用区间的程序；列车在每个车站的到达和出发（或通过）时刻；列车在区间的运行时间；列车在车站的停站时间以及动车组接续情况等。高速铁路列车运行图是编制其他相关铁路行车计划的基础，其编制质量的好坏将直接影响到高速铁路的行车组织工作。

列车运行图与停站方案问题间存在一定的关联。以下将从二者的相互作用、问题的建立方面具体分析列车运行图与停站方案问题协同优化的必要性。

7.1.2 二者相互作用的关联性

高速铁路停站方案和列车运行图是开行方案的关键环节，而开行方案又是在客流预测的基础上形成的，三者存在着相互依存、相互制约的关系。分析高速铁路运行图与停站方案的相互作用关系，可以分析客流预测、开行方案（包括停站方案）和运行图三者的关系。

在客流预测阶段，需要旅行时间、候车时间、服务频率等相关的列车服务属性，这些参数是在开行方案制订阶段根据列车数量、起讫点及停站方案产生的，而旅行时间、候车时间、服务频率的最终确定又是在列车运行图编制阶段中；另外，开行方案的制订需要客流 OD、客流密度、高峰客流分布等基础数据，这些数据可以通过客流预测得到，运行图编制结果中的列车旅行、停站、接续时间以及服务频率又可以提供开行方案制订所需的时间消耗参数；而运行图编制中需要的列车参数，如列车数量、起讫点、停站方案等要在停站方案的结果中得到。高速铁路客流预测、开行方案（包括停站方案）和运行图三者相互作用的影响方式如图 7-1 所示。

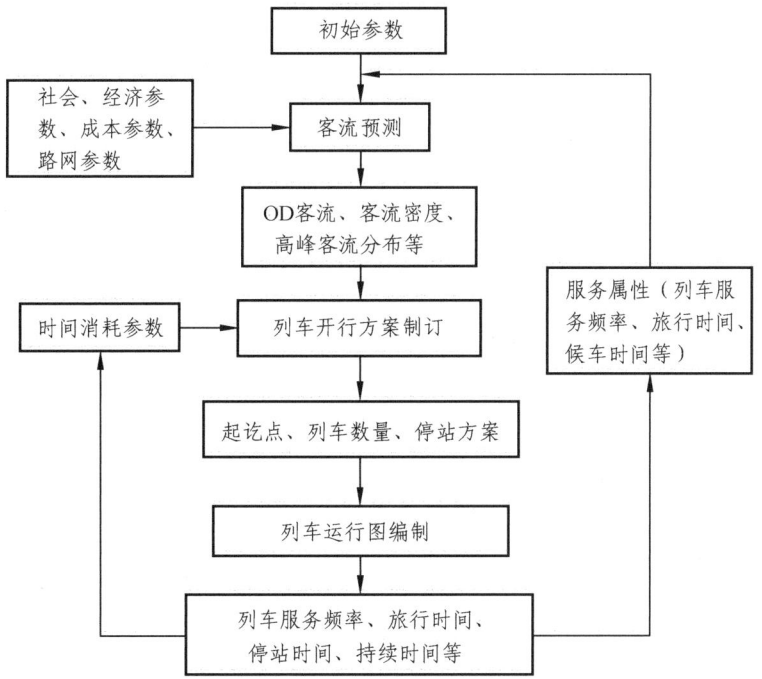

图 7-1 客流预测、开行方案、运行图三者相互作用的方式示意图

7.1.3 问题建立基础的关联性

高速铁路列车停站方案和运行图问题的研究目的是利用高速铁路系统资源有效地为客运市场提供服务。为方便旅客出行，在列车运行图编制工作之前，首先安排列车合理的开行方案（包括停站方案），列车停站方案和运行图问题是以列车开行方案确定的客运需求为基础进行研究。停站方案是铁路行车组织的客流需求具体描述文件，针对我国高速铁路运营特点，相关文献对停站方案的相关问题进行了深入的分析，研究指出在编制列车运行图过程中，需要满足开行方案内的相关参数，其中主要包括以下几个内容：客运区段、列车类型、停站方案、开行时段、开行对数、维修天窗等。列车运行图编制工作就是将开行方案确定的停站方案转化为运行线，并且为运行线在车站的运行过程安排可行的车站资源，即完成对列车运行过程的合理性规划，其中运行图内的运行线体现出的性质特征代表了该列列车所能提供的客运服务的优劣性。

7.1.4 高速铁路列车停站方案与列车运行图协同优化条件

列车运行图与停站方案协同优化是以现有高速铁路网上各起讫点客流大小和性质为依据；以停站方案确定的列车属性（开行等级、数量、编组内容、车底类型）、客座利用率等为前提；以客运站能力、列车停站率、车站、区间作业时间标准、预留天窗等为约束；以提高旅客出行服务水平，提高铁路运输企业经济和社会效益为目标。

列车运行图与停站方案协同优化时所要考虑的限制条件较多，有些为硬性条件，如停站次数、列车车站作业时间标准等，这部分条件在优化过程中是需要绝对满足的；而有些如列车停站均衡性、车站经停车站分布均衡等条件则并不需要绝对满足，但这部分条件的满足对提高旅客列车开行质量具有重要作用。在列车运行图与停站方案协同优化过程中所需要考虑的基本条件如下：

1. 客流量及客流性质

高速铁路列车停站方案的确定是在开行方案确定过程中的重要环节，而"按流开车"是确定旅客列车开行的基本原则。客流量及客流性质反映了旅客的出行需求，是优化停站方案和运行图的基础，其中，客流量决定了旅客列车运行区段、经由车站、停站次数、停站比例以及运行线铺画结构，而客流性质则决定了旅客列车组合模式、换乘方案、运行线的衔接等。而且客流量具有波动性，在优化开行旅客列车过程中应以满足旅客平日出行需要为基本，考虑高峰日的客流波动。

2. 高速铁路车站与区间作业时间标准

列车车站与区间作业时间标准主要包括各类列车在各区间的纯运行时间、起动和停止附加时分、区间追踪间隔时间，车站上办理相邻两列车的到达、出发或通过作业所需要不同时到达间隔时间、同方向列车连发间隔时间、同方向列车不同时到发间隔时间、同方向列车不同时发到间隔时间等。

3. 高速铁路车站与线路区间能力

旅客列车的运行区段、停站选择以及停站次数受到铁路基础设施、设备能力的限制，主要反映在车站始发列车能力、接发列车能力和区间通过能力上。其中，车站始发列车能力和接发列车能力主要取决于车站到发线数目和车站整备折返能力等，当车站始发能力不足时，可延长或缩短列车运行区段，以避开车站能力的限制；区间通过能力指在采用一定的机车车辆和一定的行车组织方法条件下，区间的各种固定设备在单位时间内所能通过的最多列车数或对数，其大小主要决定于区间正线数、区间长度、线路纵断面、机车类型、信号、联锁、闭塞设备等。

7.1.5 高速铁路列车停站方案与列车运行图的冲突分析与消解

1. 高速铁路列车停站方案与列车运行图冲突分析

在查阅大量国内外文献资料的基础上，通过总结与比较得出如表 7-1 所示的高速铁路列车停站方案与列车运行图决策内容、优化目标和约束对比。

表 7-1　高速铁路列车停站方案与列车运行图决策内容、优化目标和约束对比

对比内容	对比项目	
	列车停站方案	列车运行图
决策内容	• 一站直达列车开行比例 • 有停站的列车占通过列车的比例 • 每列车的停站地点和总的停站次数	列车在铁路各区间运行时间及在各车站停车和通过时间
优化目标	• 旅客总出行时间最小 • 旅客总出行费用最小 • 列车停站次数最少 • 列车空走距离最小 • 旅客出行广义费用最小 • 列车停站的车站服务频率总和最大 • 铁路部门的成本最小 • 剩余客运周转量最小	• 总旅行时间最小 • 总效益最大 • 总旅行成本最小 • 动车组运用效率最大化 • 运行图通过能力最大 • 运行图均衡性最大化目标
约束条件	• 客流需求满足约束 • 列车能力约束 • 车站能力约束 • OD 服务频率约束 • 上下车服务频率约束 • 停站比例约束 • 停站均衡性约束 • 单个列车停站次数约束	• 列车区间最小间隔约束 • 车站间隔约束 • 列车越行约束 • 技术作业时间要求约束 • 维修天窗约束 • 到发线数量约束 • 到发线长度约束

通过对比分析，发现高速铁路列车停站方案与列车运行图主要存在优化目标和约束条件的冲突。

1）优化目标冲突分析

列车停站方案与列车运行图优化目标的冲突主要体现在旅客出行成本上。列车停站方案一般要求旅客总出行成本最小，列车运行图的目标函数一般为列车总旅行时间最小。但是，考虑到有旅客在出行过程中存在换乘、等车等环节，且不同开行线路运输旅客数量是不同的，所有列车总旅行时间最小并不一定能保证旅客总出行成本最小。同时，相同列车总旅行时间下，旅客总出行成本也是不一样的，如图 7-2 所示。

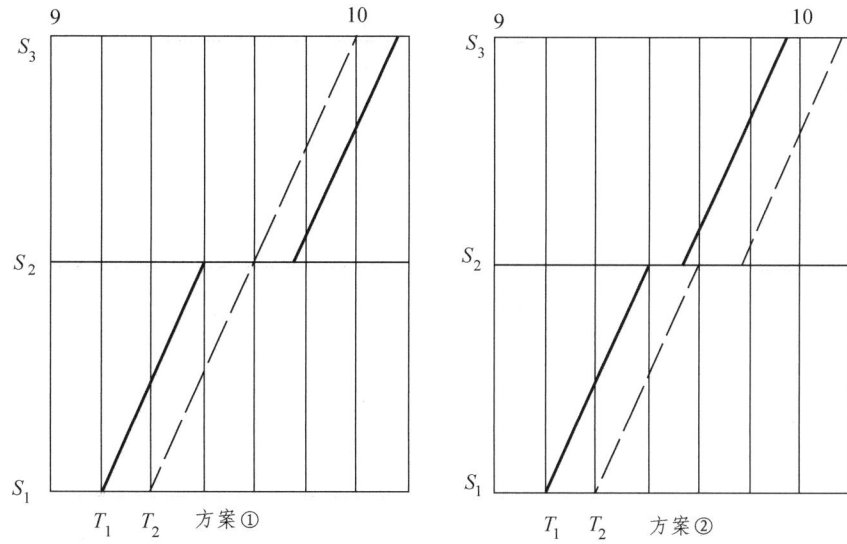

图 7-2　两列车以不同方式经过同一车站

从图 7-2 可知，方案①和方案②中列车 T_1 和列车 T_2 的总旅行时间是一致的。在列车运行图编制模型中，两者目标函数值是相同的，两种情景都可以作为最优解给出。但是在列车停站方案设计中，假设列车 T_1 运送的旅客人数为 300 人，列车 T_2 运送的旅客为 600 人，在车站 S_2 均无旅客上下车。两种情景中，由于区间运行时间是相同的，列车在车站 S_2 的通过时间直接影响最后列车总旅行时间。方案①中列车 T_1 的旅客在 S_2 的通过时间为 18 min，列车 T_2 的旅客的通过时间为 0 min，方案②中列车 T_1 的旅客在 S_2 的通过时间为 7 min，列车 T_2 的旅客的通过时间为 7 min。计算可知，方案①中旅客通过车站 S_2 的总时间为 5 400 min，而方案②中总时间为 6 300 min，两者旅客总旅行时间明显不同，方案②要劣于方案①。但是，在列车运行图优化模型中，两者列车总旅行时间相同，无法实现列车停站方案中的优化要求。因此，在列车运行图铺画中应该对列车进行区分，承担更多旅客的开行线路应该具备更高的优先等级，保证列车运行图铺画结果尽可能与列车停站方案优化结果一致。

2）约束冲突分析

对比列车停站方案和列车运行图优化约束，可发现如下冲突：

（1）旅客需求约束。

在列车停站方案中需要考虑旅客需求约束，而列车运行图中不存在

旅客需求约束。当然，当开行线路严格地执行到列车运行图阶段时，旅客需求约束一般都能得到实现。但列车运行图编制过程中采取一些调整措施，如抽线、取消停站、改变开行时段等，都会造成对停站方案优化设计结果的改变，带来无法满足旅客需求约束的情形。

还需要重点指出的是在停站方案设计中，旅客出行存在换乘行为，部分旅客出行是通过两条开行线路之间的换乘完成的。但是，在列车运行图设计阶段，对停站方案设计中换乘关系不加以考虑，会产生两趟列车时间衔接不好的情况，很容易导致旅客的换乘无法完成进而无法完成出行。

（2）停站设置约束。

列车停站方案设计阶段，开行线路的停站方案一方面要保证旅客在沿途车站的上下车需求，另一方面要控制列车停站以实现旅客总出行成本最小的目标。因此，停站方案在输入到列车运行图编制阶段时，一般情况下不再进行调整。但是，在列车运行图的铺画过程中，列车的停站能给予其他列车越行的机会。该措施是消除列车运行冲突，提升列车运行图效率非常有效的手段。如果严格按照停站方案设计执行停站，往往容易造成运能浪费或者更多时间损耗。可调整的停站方案更能充分发挥运能，提升运行图效率。

2. 高速铁路列车停站方案与列车运行图冲突消解思路

1）优化目标冲突处理

停站方案阶段所确定的列车停站模式决定了列车的等级，在列车运行图编制阶段，就可以区分列车运行优先权，通过不同开行线路对应行车时间区域限制，保证重点的列车优先发车且拥有优先权，尽量减少中途不必要的停站时间，以此保证停站方案优化目标实现，保证列车停站方案与列车运行图优化结果之间的一致性。当列车运行图设计的停站方案与原有停站方案设计结果冲突较大时，进一步通过修正区间通过能力对列车停站方案进行重新设计，保证两者之间目标一致，减少冲突。

2）旅客需求冲突处理

通过协调运行线铺画结构，修正区间通过能力，调整停站方案，基本能保证列车开行方案设计的列车对数在列车运行图中实现，进而通过采用分时段的列车开行频率，可有效控制不同时段内的列车通过数量，

第7章 高速铁路列车停站方案与运行图协同优化方法

保证开行方案设计的开行线路不会被取消。而在列车运行线编制过程中只能增加停站，不允许采用取消停站的策略。而对于换乘旅客，由于采用列车换乘关系约束，保证旅客出行路径的存在，不会出现由于换乘路径不存在而无法出行的情况。

3）运力资源约束冲突处理

运力资源约束对于列车停站方案和列车运行图整体设计都存在相当重要的作用，列车停站方案与列车运行图协调优化可以充分利用区间通过能力。区间通过能力虽然无法从根本上消解运力资源之间的冲突，但是，合理的区间通过能力能更好体现运力资源对停站方案优化设计的约束关系，尽量保证列车开行方案阶段设计的停站方案在运行图编制阶段得到实现。

4）停站约束冲突处理

在列车运行图的铺画过程中，经常要使用调整停站方案的策略，而列车开行方案设计阶段的停站方案设计并不能考虑列车越行而增加停站。因此，通过相关信息辅助决策列车在运行图编制中是否应该增加停站，来增加列车之间越行的可能性，从而提升列车运行图效率。

7.2 高速铁路列车停站方案与运行图协同优化模型

7.2.1 变量说明

m_S：表示上行列车数；

m_X：表示下行列车数；

n：表示区间数，假设车站数为 $n+1$；

t_{ij}^{SD}：表示上行列车 i 到达车站 j 的时刻；

t_{ij}^{SF}：表示上行列车 i 从车站 j 出发的时刻；

t_{ij}^{XD}：表示下行列车 i 到达车站 j 的时刻；

t_{ij}^{XF}：表示下行列车 i 从车站 j 出发的时刻；

t_{ij}^{Q}：表示列车 i 在车站 j 的起车附加时分；

t_{ij}^{T}：表示列车 i 在车站 j 的停车附加时分；

t_{ij}^{SY}：表示列车 i 在区间 j 的上行纯运行时分；

t_{ij}^{XY}：表示列车 i 在区间 j 的下行纯运行时分；

T_{ij}^{S}：表示列车 i 在车站 j 的上行停时；

T_{ij}^{X}：表示列车 i 在车站 j 的下行停时；

e_{ij}^{S}，e_{ij}^{X}：表示 0-1 变量，分别表示上行、下行列车 i 在车站 j 是否停车，当列车停车时取 1，否则取 0；

I_{j}^{d}：表示列车在车站 j 的到达间隔时间；

I_{j}^{f}：表示列车在车站 j 的出发间隔时间；

I_{j}^{SZ}：表示上行列车在车站 j 的追踪间隔时间；

I_{j}^{XZ}：表示下行列车在车站 j 的追踪间隔时间；

τ_{j}^{b}：表示列车在 j 站的不同时到达间隔时间；

τ_{j}^{lf}：表示后行列车为发车时的连发间隔时间；

τ_{j}^{lt}：表示后行列车为通过时的连发间隔时间；

TC_{j}^{L}：表示区间 j 的天窗开始时间；

TC_{j}^{R}：表示区间 j 的天窗结束时间；

SF_{ij}^{L}，SF_{ij}^{U}，SD_{ij}^{L}，SD_{ij}^{U}，XF_{ij}^{L}，XF_{ij}^{U}，XD_{ij}^{L}，XD_{ij}^{U}：分别表示上、下行列车 i 在 j 站的最早（最晚）出发时间和最早（最晚）到达时间；

DFX_{j}：表示 j 站用于接发列车的到发线总数；DFX_{j}^{S}，DFX_{j}^{X} 分别表示 j 站用于接发列车的上、下行到发线数。

7.2.2 约束条件

1. 列车区间运行时分约束

列车 i 在区间 j 运行时，其区间运行时分应满足以下约束

$$t_{ij}^{SD} \Theta t_{i,j+1}^{SF} - e_{ij}^{S} t_{ij}^{T} - e_{i,j+1}^{S} t_{i,j+1}^{Q} = t_{ij}^{SY} \quad i=1,2,\cdots,m_{s}; j=1,2,\cdots,n \quad (7\text{-}1)$$

$$t_{i,j+1}^{XD} \Theta t_{ij}^{XF} - e_{i,j+1}^{X} t_{i,j+1}^{T} - e_{ij}^{X} t_{ij}^{Q} = t_{ij}^{XY} \quad i=1,2,\cdots,m_{x}; j=1,2,\cdots,n \quad (7\text{-}2)$$

运算 Θ 的定义如下：

当 $x \geq y$ 时，$x \Theta y = x - y$，否则 $x \Theta y = x + 1440d - y$，$d \in N$。

列车区间运行时分图示如图 7-3 所示。

第7章 高速铁路列车停站方案与运行图协同优化方法

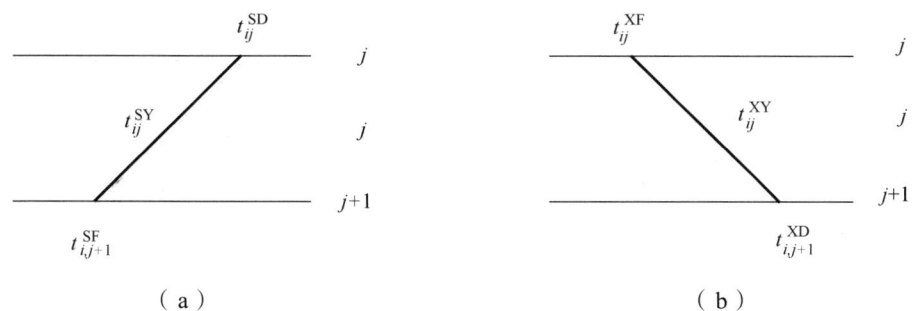

(a)　　　　　　　　　　　　(b)

图 7-3　列车区间运行时分图示

2. 列车在站停车时分约束

列车在车站的停车时分不得少于其在该车站规定的最少停留作业时间（技术停时、营业停时），如无硬性规定，最少停留作业时间视为 0。即有

$$t_{ij}^{\mathrm{SF}} \Theta t_{ij}^{\mathrm{SD}} \geqslant T_{ij}^{\mathrm{S}} \quad i=1,2,\cdots,m_{\mathrm{s}}; j=1,2,\cdots,n+1 \quad (7\text{-}3)$$

$$t_{ij}^{\mathrm{XF}} \Theta t_{ij}^{\mathrm{XD}} \geqslant T_{ij}^{\mathrm{X}} \quad i=1,2,\cdots,m_{\mathrm{x}}; j=1,2,\cdots,n+1 \quad (7\text{-}4)$$

列车在站停车时分图示如图 7-4 所示。

(a)　　　　　　　　　　　　(b)

图 7-4　列车在站停车时分图示

3. 列车追踪间隔时间约束

当同方向列车在区间追踪运行时，应满足如下的列车追踪间隔时间约束

$$t_{i+1,j}^{\mathrm{SD}} \Theta t_{ij}^{\mathrm{SD}} - e_{ij}^{\mathrm{S}} I_j^{\mathrm{d}} - (1-e_{ij}^{\mathrm{S}}) I_j^{\mathrm{SZ}} \geqslant 0$$
$$i=1,2,\cdots,m_{\mathrm{s}}-1; \quad j=1,2,\cdots,n+1 \quad (7\text{-}5)$$

$$t_{i+1,j+1}^{\mathrm{SF}} \Theta t_{i,j+1}^{\mathrm{SF}} - e_{i+1,j+1}^{\mathrm{S}} I_{j+1}^{\mathrm{f}} - (1-e_{i+1,j+1}^{\mathrm{S}}) I_{j+1}^{\mathrm{SZ}} \geqslant 0$$
$$i=1,2,\cdots,m_{\mathrm{s}}-1; \quad j=1,2,\cdots,n \quad (7\text{-}6)$$

$$t_{i+1,j}^{XD} \Theta t_{i,j}^{XD} - e_{ij}^{X} I_{j}^{d} - (1-e_{ij}^{X}) I_{j}^{XZ} \geqslant 0$$
$$i = 1, 2, \cdots, m_x - 1; \ j = 1, 2, \cdots, n+1 \quad (7\text{-}7)$$

$$t_{i+1,j+1}^{XF} \Theta t_{i,j+1}^{XF} - e_{i+1,j+1}^{X} I_{j+1}^{f} - (1-e_{i+1,j+1}^{X}) I_{j+1}^{XZ} \geqslant 0$$
$$i = 1, 2, \cdots, m_x - 1; j = 1, 2, \cdots, n \quad (7\text{-}8)$$

列车追踪间隔时间图示如图 7-5 所示。

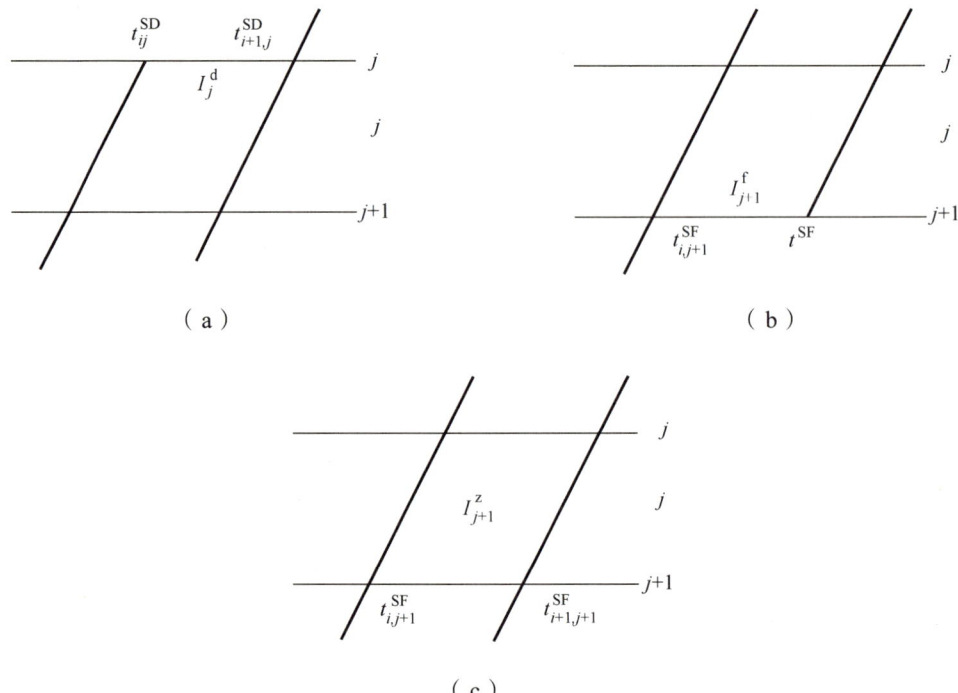

图 7-5 列车追踪间隔时间图示

4. 列车占用自动闭塞区段约束

一定时间范围内只允许一列列车占用同一自动闭塞区段，因此应满足如下约束条件

$$(t_{i+1,j}^{SD} \Theta t_{i,j+1}^{SF})(t_{i+1,j+1}^{SF} \Theta t_{ij}^{SD}) > 0 \quad i = 1, 2, \cdots, m_s - 1; j = 1, 2, \cdots, n \quad (7\text{-}9)$$

$$(t_{i+1,j}^{XD} \Theta t_{ij}^{XF})(t_{i+1,j}^{XF} \Theta t_{i,j+1}^{XD}) > 0 \quad i = 1, 2, \cdots, m_x - 1; j = 1, 2, \cdots, n \quad (7\text{-}10)$$

列车占用自动闭塞区段图示如图 7-6 所示。

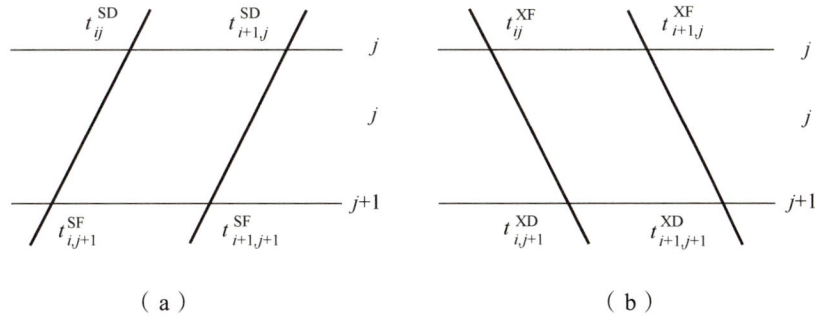

图 7-6 列车占用自动闭塞区段图示

5. 列车越行约束

同向运行列车由于列车等级、停站方案或运行速度不同,在满足列车运行间隔时间的条件下,在车站或线路所有可能发生越行的情况:

$$t_{i,k}^{\text{SD}} + I_k^{\text{d}} \Theta t_{jk}^{\text{SD}} \leqslant M(1 - \sum_{l=k} q_{ij}^l), \quad k = 2,3,\cdots,m_s - 1 \quad (7\text{-}11)$$

$$t_{i,k}^{\text{SF}} + I_k^{\text{f}} \Theta t_{jk}^{\text{SF}} \leqslant M\left(1 - \sum_{l=k} q_{ij}^l\right), \quad k = 2,3,\cdots,m_s - 1 \quad (7\text{-}12)$$

$$t_{i,k}^{\text{XD}} + I_k^{\text{d}} \Theta t_{jk}^{\text{XD}} \leqslant M\left(1 - \sum_{l=k} q_{ij}^l\right), \quad k = 2,3,\cdots,m_x - 1 \quad (7\text{-}13)$$

$$t_{i,k}^{\text{XF}} + I_k^{\text{f}} \Theta t_{jk}^{\text{XF}} \leqslant M\left(1 - \sum_{l=k} q_{ij}^l\right), \quad k = 2,3,\cdots,m_x - 1 \quad (7\text{-}14)$$

6. 天窗时间约束

$$TC_j^{\text{L}} \Theta t_{ij}^{\text{SD}} > 0 \quad i = 1,2,\cdots,m_s; j = 1,2,\cdots,n+1 \quad (7\text{-}15)$$

$$t_{i+1,j}^{\text{SF}} \Theta TC_j^{\text{R}} > 0 \quad i = 1,2,\cdots,m_s - 1; j = 1,2,\cdots,n+1 \quad (7\text{-}16)$$

$$TC_j^{\text{L}} \Theta t_{ij}^{\text{XD}} > 0 \quad i = 1,2,\cdots,m_x; j = 1,2,\cdots,n+1 \quad (7\text{-}17)$$

$$t_{i+1,j}^{\text{XF}} \Theta TC_j^{\text{R}} > 0 \quad i = 1,2,\cdots,m_x - 1; j = 1,2,\cdots,n+1 \quad (7\text{-}18)$$

天窗时间图示如图 7-7 所示。

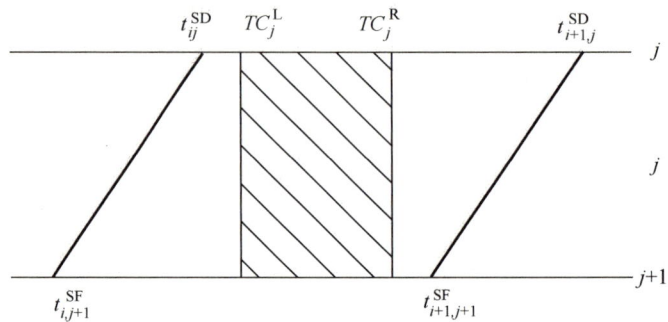

图 7-7 天窗时间图示 1

或采用

$$TC_j^L \ominus t_{ij}^{SD} \geqslant \alpha, \quad i = 1, 2, \cdots, m_s; j = 1, 2, \cdots, n+1 \qquad (7\text{-}19)$$

$$t_{i+1,j+1}^{SF} \ominus TC_j^R \geqslant \beta, \quad i = 1, 2, \cdots, m_s - 1; j = 1, 2, \cdots, n+1 \qquad (7\text{-}20)$$

$$TC_j^L \ominus t_{ij}^{XD} \geqslant \alpha, \quad i = 1, 2, \cdots, m_x; j = 1, 2, \cdots, n+1 \qquad (7\text{-}21)$$

$$t_{i+1,j}^{XF} \ominus TC_j^R \geqslant \beta, \quad i = 1, 2, \cdots, m_x - 1; j = 1, 2, \cdots, n+1 \qquad (7\text{-}22)$$

式中 α——天窗前最后一列车与天窗间的最小间隔时间；

β——天窗后第一列车与天窗间的最小间隔时间。

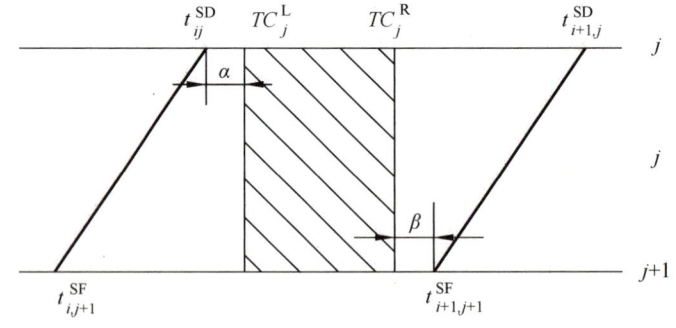

图 7-8 天窗时间图示 2

7. 列车到发时刻特殊要求约束

对于某些列车，其到发时刻在某些车站往往存在一些特殊的要求，因此，对于该类列车，需要将其到发时刻限定在期望的时间范围内。

$$SF_{ij}^{L} \leq t_{ij}^{SF} \leq SF_{ij}^{U}, \quad i=1,2,\cdots,m_{s}; j=1,2,\cdots,n+1 \quad (7\text{-}23)$$

$$SD_{ij}^{L} \leq t_{ij}^{SD} \leq SD_{ij}^{U}, \quad i=1,2,\cdots,m_{s}; j=1,2,\cdots,n+1 \quad (7\text{-}24)$$

$$XF_{ij}^{L} \leq t_{ij}^{XF} \leq XF_{ij}^{U}, \quad i=1,2,\cdots,m_{x}; j=1,2,\cdots,n+1 \quad (7\text{-}25)$$

$$XD_{ij}^{L} \leq t_{ij}^{XD} \leq XD_{ij}^{U}, \quad i=1,2,\cdots,m_{x}; j=1,2,\cdots,n+1 \quad (7\text{-}26)$$

列车到发时刻特殊要求图示如图7-9所示。

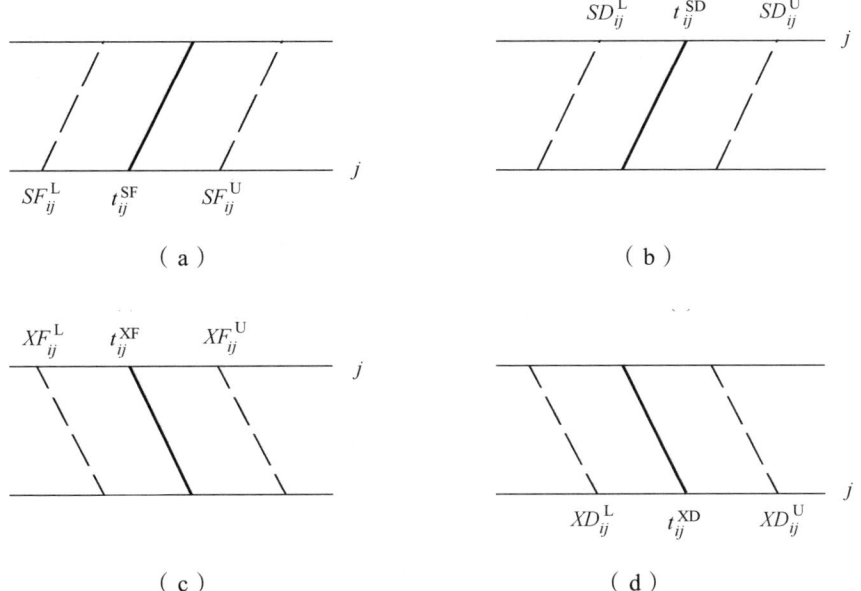

图7-9 列车到发时刻特殊要求图示

8. 车站到发线约束

任意时刻t，任意车站被列车占用的到发线数不得超过该站所具有的到发线数，为此，定义如下函数

$$w(x,t)=\begin{cases}1, & x \leq t; \\ 0, & x > t.\end{cases} \quad (7\text{-}27)$$

则车站到发线约束为

$$\sum_{i=1}^{m_S}[w(t_{ij}^{SD},t)-w(t_{ij}^{SF},t)]+\sum_{i=1}^{m_X}[w(t_{ij}^{XD},t)-w(t_{ij}^{XF},t)] \leqslant DFX_j$$
$$j=1,2,\cdots,n+1 \qquad (7\text{-}28)$$

更严格的，当车站到发线分方向使用时，上下行列车占用车站到发线应分别满足如下约束

$$\sum_{i=1}^{m_S}[w(t_{ij}^{SD},t)-w(t_{ij}^{SF},t)] \leqslant DFX_j^S, \quad j=1,2,\cdots,n+1 \qquad (7\text{-}29)$$

$$\sum_{i=1}^{m_X}[w(t_{ij}^{XD},t)-w(t_{ij}^{XF},t)] \leqslant DFX_j^X, \quad j=1,2,\cdots,n+1 \qquad (7\text{-}30)$$

9. 车站停站次数约束

列车停站率一般是指在一个车站有营业停时的列车数与经由该车站的列车总数的比率。列车停站率是衡量客运服务水平的重要指标，也是制订列车停站方案的重要参数。r_j^S 表示车站 j 的列车停站率,即

$$\sum_{i=1}^{m} e_{ij}^S = mr_j^S, \quad j=1,2,\cdots,n \qquad (7\text{-}31)$$

$$\sum_{i=1}^{m} e_{ij}^X = mr_j^X, \quad j=1,2,\cdots,n \qquad (7\text{-}32)$$

7.2.3 目标函数

1. 总旅行时间最少

$$\min Z_1 = \min\left[\sum_{i=1}^{m_S}\chi^S(i)(t_{i(n+1)}^{SD}-t_{i1}^{SF})+\sum_{i=1}^{m_X}\chi^X(i)(t_{i1}^{XD}-t_{i(n+1)}^{XF})\right] \qquad (7\text{-}33)$$

其中，$\chi^S(i)$、$\chi^X(i)$ 分别表示第 i 列上行、下行列车的等级系数。列车等级越高，系数越大，可以保证高等级列车优先。

2. 车站列车停站尽量均衡

同一车站停站列车时间分布应尽量均衡，避免某一时段大量列车停站或无列车停站的情形。因此，以车站停站列车时间尽量均衡为目标

第7章 高速铁路列车停站方案与运行图协同优化方法

$$\min Z_2 = \sqrt{\frac{1}{\sum_i e_{ij}^S} \sum_i (t_{ij}^{SD} - t_{i+1,j}^{SD})^2 e_{ij}^S e_{i+1,j}^S} + \sqrt{\frac{1}{\sum_i e_{ij}^X} \sum_i (t_{ij}^{XD} - t_{i+1,j}^{XD})^2 e_{ij}^X e_{i+1,j}^X} \qquad (7\text{-}34)$$

7.3 模型复杂性分析

如果在高速铁路列车运行图与停站方案协同编制优化模型中，将列车看作为任务（工件），将列车占用区间或车站看作是"加工"工序，每个区间看作是一台机器，那么列车运行图的优化编制问题就转化为工件加工排序问题，是一类典型的车间作业调度问题，而当工件数超过 2 时，该问题的复杂性已被证明是 NP 问题[71]，因此，高速铁路列车运行图与停站方案协同编制优化问题，是大规模组合优化问题，存在"组合爆炸"，其算法复杂度为 $O((n!)^{m-1})$。目前，在面临大规模的实际 JSP 问题时，没有求解精确最优解的通用算法。因此，有必要进一步研究适用于模型的高效启发式算法。

第 8 章 高速铁路列车停站方案评价方法研究

高速铁路列车停站方案是列车开行方案的重要组成部分，停站方案的优劣是考察开行方案的一个重要的方面，它反映了列车开行方案满足旅客需求的程度和列车之间的协调配合情况。对高速铁路列车停站方案的评价可以作为评价列车停站方案优劣的依据，也是列车停站方案优化调整的重要依据[21]。如何构建完善合理的高速铁路列车停站方案的评价指标体系，以及采用合适的评价方法是本章需要研究的内容。

8.1 评价指标体系的选取原则

1. 全面性原则

结合高速铁路运营组织特点，在既有线列车停站方案的基础上，全面完善高铁停站方案评价体系。高速铁路运输系统是一个非常巨大的运输系统，通过对列车停站方案评价指标的更全面的设置，进而广泛地反映高速铁路列车停站方案的相关质量影响因素。

2. 准确性原则

指标体系内的每一个指标设置要具有合理性、科学性，需要建立准确的高速铁路列车停站方案评价标准，构建准确的评价指标计算方法模型，确定准确的高速铁路列车停站方案评价方法，这样建立的指标评价系统才能够准确地反映列车停站方案的编制质量。

3. 可量化性原则

指标体系的评价需要包含可量化性原则，进一步增强指标系统评价的权威性与肯定性。这种原则通过利用数学评价模型方法，为编制列车停站方案带来了极大的合理优化和进步的空间，提高了列车停站方案编制的质量，方便寻找出影响方案质量的关键因素。

4. 实际应用性原则

高速铁路列车停站方案的提出要尽最大力度地满足为旅客提供安全快捷的服务质量，除此之外还需考虑到尽可能地降低铁路运输成本。为了满足以上要求，各项指标的选取和建立非常重要。这就要求提高列车停站方案的编制质量，充分显示出方案编制的实际性和合理性，使之能够推广到全路范围。

8.2 评价指标体系的建立流程

8.2.1 评价对象和目标概述

1. 评价对象

高速铁路列车停站方案和指标的数据能够通过对已经发生的车、票等运营数据进行统计分析得到，也能保证指标的计算能够更加客观、实际。选取的指标应能保证大量具体准确的数据能够得到应用。

高速铁路列车停站方案的数据包含了寒暑假高峰、节假日高峰、日常时间及周末、运能充足和运能紧张等不同运营背景的情况。就空间而言包含了本线、跨线、各个等价 OD 之间、各个等级车站。对于评价所需要的资料和数据有着良好的数据支撑，因此，确定评价的对象是高速铁路列车停站方案，并且是对其进行"事后评价"。

2. 评价目标

通过适当的评价指标体系，对高铁停站方案进行事后评价，进而实现对方案的整体性考核，以此来体现列车停站方案整体的运营效果[65]。在对整体性方案考察完成的基础上，发现运营过程中存在的问题，将运营效果不理想的部分进行相应的优化和调整，形成客流与运能更加匹配的新方案。这就要求评价指标体系既能反映出经济效益等整体效益，又要考虑列车停站方案中的技术性指标，同时还需要增加基于旅客出行的服务性指标。

8.2.2 列车停站方案评价影响因素分析

我国的高速铁路为新建的客运专线，其特点是开行直达运输，减少旅客的换乘，保证高等级节点的列车服务频率，长短编组相结合；发车密集程度较高，客流增长较为迅速。通道型高铁列车的主要行车特征如下：

（1）在日常时间整体的运能较为充裕，在高峰时段部分区段运能资源较为紧张。

（2）列车的运行距离多为中长距离，中间站颇多，不同的区间在不同时期内停站需求会不同。列车的技术速度要有严格的限制，因此为体现高速铁路的服务特性，满足旅客快捷性的需求，必须优化停站系数和停站时间。

通过分析研究，影响列车停站方案评价优劣的因素主要有以下几点：

1. 线路 OD 客流量及客流特征

客流量和客流特征是旅客出行需求的一种表现形式，按需停车是设计列车停站方案的主要思想，如何停站来满足各个 OD 间的客流需求，同时又要保证一定的列车上座率，既不能使列车超员也不能使列车虚糜，是设置停站方案时要考虑的,这也是反映铁路运输效益的一个重要方面。列车的上座率较低的话，铁路的运输收益就会大大降低，所以，列车上座率属于停站方案评价的主要指标。

从客流特征上来说，高速铁路所吸引的客流结构中，高端客流比重较大，旅客比较注重出行的安全性、舒适性、便捷性。这就要求高速铁路的停站方案要尽量减少列车的停站次数，提高车站的服务频率，因此列车的停站次数和旅行速度是考察指标体系中重要因素。

2. 路网结构

高速铁路列车停站方案的建立需要考虑路网的具体结构，将客流节点和分级节点建立起来，要考虑节点的空间覆盖率，同时也要考虑不同等价节点的服务频率，以及各个 OD 间列车服务频率。在列车停站方案的评价中应当有所体现。

3. 铁路企业收益

高速铁路企业作为一个铁路运输企业，企业的运营收益是运营的总收入减去运行的总成本，其收入来源主要是票款。从这个角度考虑，列车的停站方案要有较高的列车上座率水平，以增加企业收入、降低出行成本，因此，停站方案要尽量满足直达旅客的要求，尽可能减少中转换乘需求。所以，经济效益的相关指标是评价列车停站方案是否优劣的重要标准。

4. 旅客的在途损失时间

高铁的优势在于出行的快捷和便利性,列车停站增加在途时间,会削弱快捷性优势。旅客的在途损失时间主要是由列车的停站时间和停站次数决定的,因此,列车的停站时间和停站次数是反映旅客出行服务的重要标志。

8.3 高速铁路列车停站方案评价需求分析

8.3.1 旅客服务质量评价的需求分析

高速铁路主要负责旅客运输,旅客运输指的就是为旅客服务。旅客的出行需求是多方面的,要提高旅客服务的质量必须要针对不同类型旅客的心理需求在服务方法和服务重点上有所加强。对于高速铁路列车停站方案,旅客的出行需求通常是指:服务频率高、旅客出行的可达性高、列车的停站具有一定的规律性、旅客出行较便捷、减少旅客换乘、车站的服务频次与旅客的出行需求相匹配等。

1. 服务频率

在对列车停站方案进行设置时,必须保证高等级车站服务频率较高,这是因为在高等级节点,客流量需求比较大,车站承担着集散客流的功能,必须保证旅客在一天内有丰富的车次可以选择,提供服务频率,减少旅客的候车时间,以便吸引更多的旅客选择高速铁路这一运输产品。

2. 旅客出行的可达性

旅客出行的可达性是指旅客凭借高速铁路这种运输方式能够到达各个车站节点的能力。旅客出行的可达性和列车的停站方式有关,一般情况下,当列车停站次数越多时,旅客可以乘降的车站节点就越多,旅客出行的可达性也就越高。但列车的停站次数过多,列车的旅行速度降低,高速铁路也就失去了"高速"的意义。

3. 列车的停站服务与旅客客流需求相匹配

高速铁路大规模的建设使旅客的出行需求得到了进一步的保证,从以往当初单纯能够安全到达目的地的需求,转变成对运输方案快速、舒适、便捷等多方面的需求。旅客对列车停站方案提出的要求主要体现在旅客出行的便捷性、减少旅客的换乘、不同等级节点之间旅客出行的可达性、一天内有丰富的车次可供旅客选择。旅客的出行需求是否得到满足需要从列车的停站服务与旅客客流需求的匹配程度来衡量。

8.3.2 铁路运输部门生产效率及技术能力评价需求分析

铁路运输部门作为运输产品的提供者，应将提高运输效率作为增加运量与收入的主要途径，实现以效率促进生产、以效率促进收益作为列车停站方案编制的重要目标。在对高速铁路列车停站方案进行评价时，铁路运输部门的生产效率及技术能力主要体现在列车速度、列车停站次数、列车上座率上。

1. 列车速度

列车的运行速度很大程度上影响了运输任务完成的效率，通常列车速度越高，旅客的运送速度越快，运行效率就越高，但是列车平均每停站一次就要消耗 10 min，停站 6 次以上就会比直达列车多损失 1 h，这样就无法与其他交通运输方式竞争。所以，列车速度是评价列车停站方案优劣的重要指标。

2. 列车停站次数

由于列车在停站的过程中，因为起、制动的车辆线路磨损和电力消耗等原因，要产生额外的消耗，所以把这一部分归结为列车停站费用。列车每停站一次，就要产生停站费用，按照合理的方法编制列车停站方案，优化列车停站方案，节省停站费用，这对提高铁路部门的生产效率是十分有效的。

3. 列车上座率

列车上座率反映了列车客座的利用情况，在制订列车停站方案时，应该需要着重考虑列车的上座率。列车上座率对旅客的服务质量和运输企业的效益有很大的影响。列车上座率可以很好地反映出列车停站方案设置的优劣。

8.4 高速铁路列车停站方案评价指标体系

8.4.1 评价指标体系的构建

综合评价的基础是建立完善的评价指标体系，而评价指标体系的指标体系结构和内容决定了其是否合理。评价指标体系要能够反映评价对象的不同属性以及系统的整体功效。影响高速铁路列车停站方案的因素很多，诸如区间通过能力、列车停站率、客流换乘需求、车站接发能力、停站次数等。对旅客来说，主要是列车停站方案满足自身的需求能力以

第8章 高速铁路列车停站方案评价方法研究

及服务质量，对运输企业来说，需要考虑运营成本和效益。因此，综合考虑列车停站方案的多个特征，高速铁路列车停站方案可以从经济、技术、服务3个方面来体现。

为了能够通过具体的独立单一数值直接反映方案在该指标下的好坏情况，需要通过一定的权值将离散的定量不确定型指标转化为定量确定型指标。对于各个等级节点平均车站服务频率、节点空间覆盖率的指标应符合高等级节点服务频率的特征，因此指标中节点的服务频率权值随节点等级的增加而变化。若节点共分为三级，对于各个等级节点平均OD服务频率，则按照提高一、二类节点服务质量，保证三类节点服务要求的原则分配权重值。列车停站方案评价指标体系如图8-1所示。

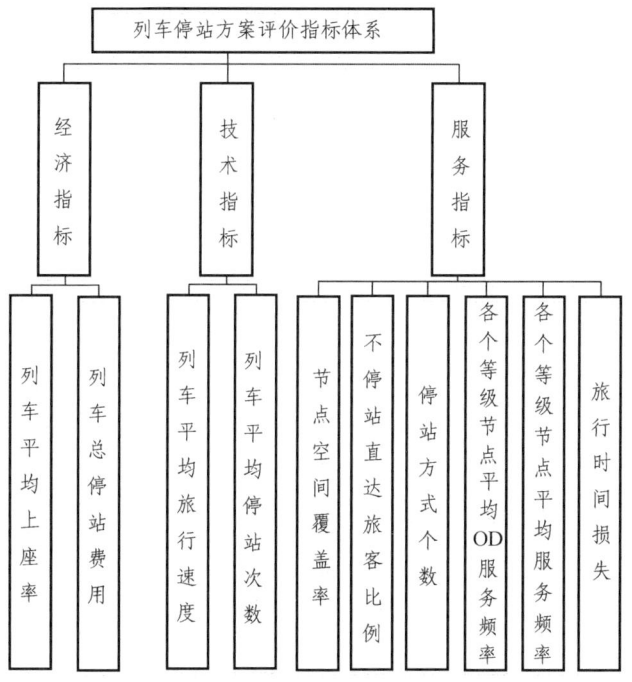

图 8-1　列车停站方案评价指标体系

8.4.2　评价指标体系的计算方法

1. 经济指标

1）列车平均上座率

研究表明，列车的平均上座率越高表示列车的利用率也就越高，也就可以为铁路运输部门带来更高的运输收入。但是列车上座率过高会存在列车超员的现象，对旅客乘车的舒适性有很大的影响。

2）列车总停站费用

$$C_{停} = \sum_{r}^{R} N_r c_{停} \qquad (8-1)$$

式中　N_r——每个等级列车总停站次数；

　　　$c_{停}$——每次在停站过程中产生的费用（视为定值）。

由于列车在停站的过程中因为起、制动的车辆线路磨损和电力消耗等原因，要产生额外的消耗，所以把这一部分归结为列车停站费用。

2．技术指标

1）列车平均旅行速度

它是指所有开行列车的平均旅行速度，根据列车的等级不同，分别计算不同等级列车的平均旅行速度。

$$v_{旅} = \frac{\sum_{r=1}^{R} f_r L_r}{\sum t_{纯运} + \sum t_{起停}} \qquad (8-2)$$

式中　f_r——每种等级列车开行频次；

　　　L_r——每种等级列车走行距离；

　　　$\sum t_{纯运}$——所有列车总的运行时间；

　　　$\sum t_{起停}$——所有列车总的起停附加时间。

2）列车平均停站次数

指所有等级列车的平均停站次数，即

$$t_{停} = \frac{\sum_{r=1}^{R} f_r N_r}{\sum_{r=1}^{R} f_r} \qquad (8-3)$$

3．服务指标

1）节点空间覆盖率

节点空间覆盖率是指线路中列车在不同等级节点中的覆盖情况[66]。基于前面对节点重要度的描述，将节点等级进行划分，可以将指标再细

化为一级节点空间覆盖率，二级节点空间覆盖率，三级节点空间覆盖率。节点空间覆盖率的计算方法为

$$\varphi_l = \frac{\sum_i f_i \theta_i}{\sum_i f_i} \quad (8\text{-}4)$$

$$\theta_i = \begin{cases} 1, & L_i = l \\ 0, & L_i \neq l \end{cases} \quad (8\text{-}5)$$

2）不停站直达旅客比例

不停站直达旅客比例是指旅客在乘车区间乘坐列车不停站直接到达目的地的人数与出行旅客总数的比值，该比例越大，则说明旅客的出行便捷性越好，方案越好，该指标可以根据客流分配结果统计得出。

3）停站方式个数

当列车对数一定时，停站方式的个数越少，说明相同的停站方案开行的列车越多，说明停站方案的规律性就越强。该指标可以由方案的统计得出。

4）各个等级节点平均服务频率

各个等级节点平均服务频率是指每个等级节点的所有车站的平均服务频率，该指标可以通过对方案的统计得到。$\overline{\varphi_i}$ 是等级为 l 的节点的平均服务频率，l 是第 i 个节点所属节点等级。

$$\overline{\varphi_i} = \frac{\sum_i \varphi_i \theta_i}{\sum_i \theta_i} \quad (8\text{-}6)$$

$$\theta_i = \begin{cases} 1, & l_i = l \\ 0, & l_i \neq l \end{cases} \quad (8\text{-}7)$$

5）各个等级节点平均 OD 服务频率

各个等级节点平均 OD 服务频率是指在各个等级节点之间，平均每个 OD 间可以为旅客提供不换乘直接到达的列车数的总和，指标值可以由停站方案统计得出。$\overline{\varphi_{l,u}}$ 是等级为 l 的节点与等级为 u 的节点之间平均 OD 服务频率。

$$\overline{\varphi_{l,u}} = \frac{\sum_i \sum_j \varphi_{i,j} \theta_{i,j}}{\sum_i \sum_j \theta_{i,j}} \quad (8\text{-}8)$$

$$\theta_{i,j} = \begin{cases} 1, & if(l_i = l \cap l_j = u) \\ 0, & else \end{cases} \quad (8\text{-}9)$$

6）旅行时间损失

在整个停站方案中，所有旅客因为停站而产生旅行时间的损耗总和，称为旅行时间损失。

8.5　高速铁路列车停站方案评价方法

8.5.1　现有综合评价方法分析比较

利用一定的数据函数（或综合评价函数）将多个评价指标合并为一个整体性的综合评价值，这就是多指标综合评价。其中，"合成"方法较多，在选择"合成"方法的过程中除了决策的需要和被评价系统的特点等因素外，各评价指标的量纲的影响程度等因素也是选择合成方法所要考虑的内容[67,68]。

评价方法的划分依据很多，主要是以评价与所使用信息特征的关系为依据进行划分的[69]。每种方法都有其自身的优点，同时也有一定的缺点和不足，以下主要对几种综合评价方法的思想和原理进行理论分析和简单介绍：

1. 专家打分法

专家打分法是指相关领域的专家利用主观经验和价值判断问题，通过赋予分值的办法刻画评价系统内部的重点和非重点因素。

2. 层次分析法

层次分析法是一种将定性与定量分析相结合的一种评价决策方法。本方法通过分析问题的影响因素和内在关系，简化层次结构模型，利用有限的定量信息，将决策思维过程数学化，进而为求解多目标、多准则或无结构特性的复杂决策问题，提供一种简化可行的决策方法。

3. 模糊综合评价法

模糊综合评价法适用于各种模糊、难以定量化等非确定性问题。在确定模糊关系矩阵和因素权重时，常常采用专家打分的形式，容易存在主观偏差。

4. 数据包络分析评价法

数据包络分析评价方法适用于绩效的评价和考核。对于高速铁路列车停站方案的评价涉及旅客服务、技术能力等各个方面，不能单一地从绩效的角度来进行考虑。如果采用数据包络法，有些指标数据难以获得，需要对模型重新优化，求解过程较为复杂。

5. 人工神经网络评价法

人工神经网络评价法采用的工作原理是模拟人脑的运行原理，即首先要以一定准则进行学习，然后才能进行判断评价等工作。

人工神经网络法复杂性比较高，存在评价过程不透明、评价结果较为单一等缺陷，不能精确地分析各项指标。高速铁路列车停站方案的评价是为优化调整提供依据的，需要明确地给出列车停站方案的表现情况，其在可操作性和实用性方面表现较差。

6. 灰色综合评价法

灰色综合评价法主要是采用灰色系统理论的思想。灰色系统理论的研究对象是基于"部分信息已知，部分信息未知"的"贫信息"不确定性系统，它通过对部分已知信息的生成、开发实现对现实世界的确切描述和认识。通过已知信息来确定未知信息，使系统由"灰"变为"白"。灰色系统理论对样本要求不服从任何分布，对数据量也没有严格的要求。

7. 主成分分析法

主成分分析法采用的是"降维"的思想，由于这些指标存在一定相关性，把它们重新组合，产生新的互相没有关联的综合指标，去代替原来的指标[70]。主成分分析法是一种多元统计方法，通过考察多个变量间的相关性，采用少数几个主成分来反应多个变量间的内部结构。

8.5.2 列车停站方案评价方法选择

高速铁路列车停站方案评价指标包括经济指标、技术指标及服务指标。这些数值可定量的分析，但是仅仅利用定量分析并不能够直观地反映指标的优劣。而且这些指标相互之间不是独立的，而是相互关联的，某一项指标的数值大小不能完全反映出列车停站方案的优劣。在对列车停站方案指标数值标准值的设定、指标与指标的相互影响的关系均存在仅仅凭定量分析不能说明的灰色地带，所以，对高速铁路列车停站方案的评价需采用定量分析与定性分析相互结合的方法。但通常较多采用灰色综合评价法。

灰色综合评价法是一种基于灰色系统的理论和方法的评价方法，根据制订的目标，对评价对象的某一阶段所处的状态做出评价。灰色综合评价法的评价过程是可以循环运行的，前一过程的结果可以作为后一过程评价的输入数据。通过多层次的灰色评价，可以满足对列车停站方案的评价要求。灰色综合评价法的评价步骤为：

（1）绘制高速铁路列车评价指标体系的分类层次结构图，反应高速铁路列车停站方案的各个方面。

（2）制订高速铁路列车停站方案评价指标的评分等级标准。将定性指标进行定量化处理，都量化为评价指标的等级标准，将评语的等级分为"很好""好""较好""一般""差"等。根据评分等级赋予一定的分值作为评价指标等级评分的标准。评分等级越高分值越大，反之越小。

（3）评价者根据指标的等级标准进行评分，构建评价样本矩阵。

（4）明确各评价指标的评价灰类。对评价灰类进行评估就是确定各个评价灰类的等级数、灰类的灰数及灰数的白化权函数。

（5）计算灰类的评价系数。计算指标 v_{ij} 属于第 e 个评价灰类的评价系数 v_{ije} 对于第 e 个灰类的灰色评价权 $v_{ije} = \sum_{p=1}^{k} f_e(d_{ijp})$，该指标的灰色评价系数为 $v_{ij} = \sum_{e=1}^{5} v_{ije}$。

（6）计算灰色评价权向量，构建灰色矩阵，得出灰色评价权矩阵；评价指标 v_{ij} 对于第 e 个灰类的灰色评价权 $r_{ije} = v_{ije}/v_{ij}$，构建灰色评价矩阵 R_i。

（7）综合评价。综合评价结果 $B_i = A_i \times R_i = (b_{i1}, b_{i2}, b_{i3}, b_{i5})$，最后根据综合评价结果得到综合评价值 $V = B \times C^T (C = 9,7,5,3,1)$。

参考文献

[1] 薛战军. 展望中国高速铁路发展的战略意义[J]. 工程技术, 2008 (21): 230.

[2] 张楠楠, 徐逸伦. 高速铁路对沿线区域发展的影响研究[J]. 2005, 3 (24): 32-36.

[3] http://www.minhangshi.com/news_2771965.html.

[4] 孙健韬. 高速铁路对区域经济的影响分析[D]. 北京: 北京交通大学, 2012.

[5] 彭其渊, 闫海峰, 文超. 高速铁路运输组织基础[M]. 成都: 西南交通大学出版社, 2014.

[6] 彭其渊, 魏德勇, 闫海峰, 等. 客运专线运输组织[M]. 北京: 科学出版社, 2007.

[7] 叶怀珍, 杜文. 旅客运输组织[M]. 成都: 西南交通大学出版社, 2005.

[8] 杜文. 高速列车停站作业对高速铁路通过能力的影响[J]. 西南交通大学学报, 1996, 31 (增): 42-46.

[9] 杜文. 高速铁路中间站设置对通过能力影响研究[J]. 铁道运输与经济, 1996 (4): 33-38.

[10] 叶怀珍, 杨永兰, 王彦. 铁路旅客列车开行方案问题的探讨[J]. 西南交通大学学报, 2000, 35 (2): 230-234.

[11] 兰淑梅. 京沪高速铁路客车开行方案有关问题的研究[J]. 铁道运输与经济, 2002 (5): 32-34.

[12] Vuchic V R. Urban Transit. Operations. Planning and Economics[M]. Hoboken. New York. John Wiler&Sons. Inc. 2005.

[13] 邓连波, 史峰, 周文梁. 旅客列车停站设置方案优化[J]. 中国铁道科学, 2009, 30 (4): 102-107.

[14] 张拥军, 任民, 杜文. 高速列车开行方案研究[J]. 西南交通大学学

报，1998（4）：400-404.

[15] 郭钮. 城市轨道交通列车停站方案优化研究[D]. 北京：北京交通大学，2009.

[16] Dingjun Chen, Miaomiao Lv, Shaoquan Ni. Study on Initial Schedule Optimization Mode of Intercity Passenger Trains based on ACO Algorithm[J]. International Journal of Advancements in Computing Technology, 2011, 3（4）：222-228.

[17] 倪少权，左大杰，王慈光. 高速铁路越行站分布对通过能力的影响[J]. 中国铁道科学. 2005，26（3）：7-10.

[18] Wang Yuanyuan, Gong Qing, Ni Shaoquan. The calculation of stopping high-speed train subtraction coefficient in high-speed railway in China[J]. ICTE 2011：1360-1365.

[19] Ni Shaoquan, Zuo Dajie, Lv Hongxia, Yin Yuanzhao. The carrying capacity of high speed railway under the mode of high and medium speed mixture trains in one line[J]. ICTE 2011：1245-1250.

[20] 闫铭,翟轲,周博拓. 基于旅客列车开行及停站方案的客流分配[J]. 交通科技与经济，2009（4）：32-36.

[21] 邓连波. 客运专线相关旅客列车开行方案优化研究[D]. 长沙：中南大学，2007.

[22] 袁博晖，王英涛. 针对断面客流量差异的行车组织适应性探讨[J]. 城市轨道交通研究，2004（5）：32-33.

[23] 贾永刚,杜旭生. 我国客运专线列车运行图编制的有关问题[J]. 铁道运输与经济，2006，28（5）：77-79.

[24] 陈刚,史峰. 铁路旅客列车运行图编制要点分析[J]. 铁道运输与经济，2004，26（5）：37-38.

[25] 李菊，张晓霖. 用计算机绘制列车运行图[J]. 北方交通大学学报，1994（4）：537-541.

[26] 杨肇夏,胡安洲. 列车运行图动态性能及其指标体系的研究[J]. 铁道学报，1993，15（4）：46-56.

[27] 许红，马建军，龙建成. 客运专线列车运行图编制模型及计算方法研究[J]. 铁道学报，2007，29（2）：1-7.

[28] 周文梁，史峰，陈彦，等. 客运专线网络列车开行方案与运行图综合优化方法[J]. 铁道学报，2011，33（2）：1-7.

[29] 周文梁. 客运专线网络列车开行方案与运行图综合优化模型及算法[D]. 长沙：中南大学，2010.

[30] 倪少权,吕红霞,杨明伦. 全路列车运行图编制系统设计的研究[J]. 西南交通大学学报，2003，38（3）：332-335.

[31] 倪少权，吕红霞，张杰，等. 基于群体协同的铁路列车运行图编制系统并发控制方法研究[J]. 中国科技论文在线，2009，4（10）：738-741.

[32] Ni Shaoquan，Lv Hongxia，Yang Minglun. Train Operation Diagram Information System for China railway[J]. ICTE 2009：1999-2004.

[33] 胡思继，孙全欣，胡锦云. 区段内列车晚点传播理论的研究[J]. 中国铁道科学，1994（2）：41-54.

[34] 赵鹏,胡安洲. 高速铁路列车运行调整弹性研究[J]. 北方交通大学学报，1995，增刊.

[35] 聂磊. 高速铁路列车运行调整优化理论与方法[D]. 北京：北方交通大学，1999.

[36] 金福才. 多目标优化列车运行调整理论与方法研究[D]. 北京：北方交通大学，2005.

[37] 黄鉴，彭其渊. 高速列车停站优化问题的两阶段求解算法[J]. 成都：西南交通大学学报，2012，47（3）：484-489.

[38] 林宏. 客运专线综合维修天窗开设模式研究[D]. 成都：西南交通大学，2009.

[39] 周琳. 客运专线站点布局研究[D]. 成都：西南交通大学，2011.

[40] 魏巍. 高速铁路列车开行方案编制关键技术研究与辅助决策系统开发[D]. 北京：北京交通大学，2011.

[41] 陈凡,王昊. 城市圈城际铁路列车开行方案的优选[J]. 铁道运营技术，2011，17（1）：34-36.

[42] 徐斌. 高速铁路列车停站方案研究[D]. 北京：北京交通大学，2012.

[43] 孙青梅. 铁路旅客换乘相关问题研究[D]. 成都：西南交通大学，

2008.

[44] 屈明月. 高速铁路成网条件下客流输送模式研究[D]. 成都：西南交通大学, 2014.

[45] 施锦涛. 高速铁路开行不同速度等级列车匹配方案研究[D]. 成都：西南交通大学, 2014.

[46] 邹雨延. 不同运输组织模式下高速列车开行备选集的设计与评估[D]. 北京：北京交通大学, 2014.

[47] 黄玲颖. 客运专线客流节点聚类分析与换乘协调研究[D]. 北京：北京交通大学, 2008.

[48] 余晓珂. 高速铁路旅客列车开行模型研究[D]. 成都：西南交通大学, 2013.

[49] 孟凡峰, 周长峰, 李博, 等. 我国高速铁路长距离节点间旅客输送模式探讨[J]. 铁道运输与经济, 2014, 36（6）：48-52, 56.

[50] 何宇强, 张好智, 毛宝华, 等. 客运专线旅客列车开行方案的多目标双层规划模型[J]. 铁道学报, 2006, 28（5）：6-10.

[51] Vansteenwegen P, Van Oudheusden D. Developing railway timetables which guarantee a better service[J]. European Journal of Operational Research, 2006（173）：337-350.

[52] 李琼, 黄鹏. 客运专线旅客换乘问题研究[J]. 铁道运输与经济, 2008, 31（1）：23-26.

[53] 尹元钊. 高速铁路列车运营计划关键技术研究[D]. 成都：西南交通大学, 2013.

[54] 单秀全. 高速铁路通过能力计算及系统仿真研究[D]. 北京：北京交通大学, 2011.

[55] 姜兴. 客运专线区间通过能力计算方法的研究[D]. 成都：西南交通大学, 2008.

[56] 铁道部. 高速铁路设计规范（试行）[S]. 2009.

[57] 韩小平. 高速铁路通过能力的计算[J]. 铁道运营技术, 2002（3）.

[58] Jin-Zi Z, Jun L I U. 不同运输组织模式下京沪高铁通过能力的研究[J]. 交通运输系统工程与信息, 2012, 12（4）：22-28.

[59] 王华. 基于规格运行图的铁路通过能力探讨[J]. 交通运输工程与

信息学报, 2010（2）: 11-16.

[60] 黄鉴. 客运专线旅客列车开行方案研究[D]. 成都: 西南交通大学, 2005.

[61] 张铭. 高速铁路旅客列车开行方案编制方法研究[D]. 成都: 西南交通大学, 2012.

[62] 李得伟, 韩宝明, 李晓娟, 等. 基于节点服务的高速列车停站方案优化模型[J]. 铁道学报, 2013, 35（6）: 1-5.

[63] 张强锋. 城际客运专线列车开行方案研究[D]. 成都: 西南交通大学, 2010.

[64] 周明, 孙权栋. 遗传算法原理及应用[M]. 北京: 国防工业出版社, 1999.

[65] 张萧萧. 高速铁路旅客列车开行方案评价方法及系统开发[D]. 北京: 北京交通大学, 2011.

[66] 牛永涛. 成网条件下客运专线列车开行方案编制理论与方法研究[D]. 北京: 北京交通大学, 2012.

[67] J H W. A passenger's choice model of train service with elastic demand[J]. Journal of the Eastern Asia Society for Transportation Studies, 2003, 5.

[68] Gert M G, van den Heuvel. Time table development on the Dutch railway network[R]. 2010.

[69] 杜栋, 庞庆华, 吴炎. 现代综合评价方法与案例精选[M]. 北京: 清华大学出版社, 2008.

[70] 冯旭杰, 孙全欣, 冯佳, 等. 高速铁路既有停站方案优化模型[J]. 交通运输工程学报, 2013, 13（1）: 84-90.

[71] Adams J, Balas E, Zawack D. The shifting bottleneck procedure for job-shop scheduling. Management Sciences, 1988, 34: 391-401.

[72] 尹元钊. 高速铁路列车运营计划关键技术研究[D]. 成都: 西南交通大学, 2013.

[73] 李登闯. 高速铁路旅客列车停站方案优化研究[D]. 成都: 西南交通大学, 2014.

[74] 葛露露. 高速铁路列车停站方案评价及优化研究[D]. 成都: 西南

交通大学，2015.

[75] 易敏. 京沪高速铁路列车停站方案优化设计研究[D]. 成都：西南交通大学，2014.

[76] 杨鹏. 高速铁路旅客列车停站方案与运行图协同优化研究[D]. 成都：西南交通大学，2015.

[77] 夏昭辉. 高速铁路旅客列车停站方案研究[D]. 成都：西南交通大学，2015.

[78] 王思敏. 基于客流换乘的高速列车停站方案优化研究[D]. 成都：西南交通大学，2015.

[79] 钟庆伦. 高速铁路列车停站方案与列车运行图能力关系研究[D]. 成都：西南交通大学，2016.